BARTIMAEUS STORY

바디매오 이야기

은혜, 믿음,
그리고 제자됨에 대한 소중한 가르침

이장렬 지음

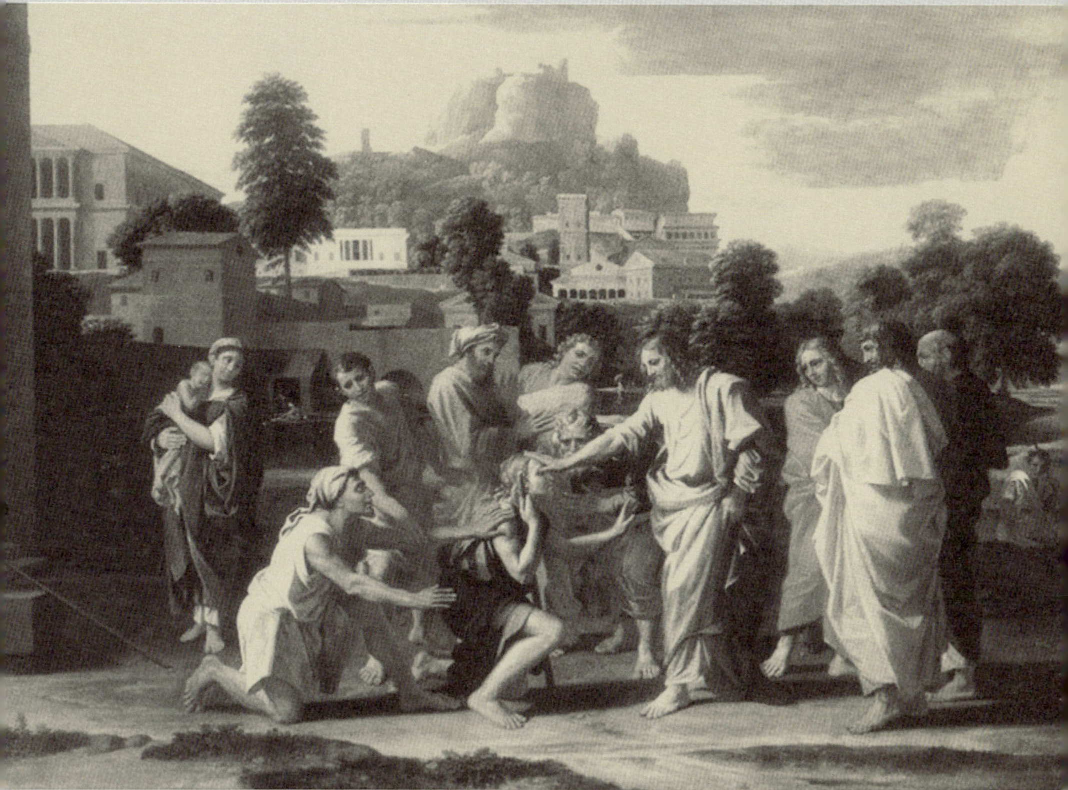

요단
JORDAN
PRESS

바디매오 이야기

초판 1쇄 인쇄 2019년 12월 9일

지은이	이장렬
발행인	이요섭
펴낸곳	요단출판사
기획 편집	강성모
디자인	디자인이츠
제작	박태훈
영업	김승훈, 김창윤, 이대성, 정준용
	이영은, 김경혜, 정영아, 백지숙

등록 1973. 8. 23. 제13-10호
주소 07238 서울특별시 영등포구 국회대로 76길 10
기획 문의 (02)2643-9155
영업 문의 (02)2643-7290
　　　　　Fax(02)2643-1877

구입 문의 인터넷서점 유세근
　　　　　요단인터넷서점 www.jordanbook.com

Copyright ⓒ 2019 요단

값 10,000원
ISBN 978-89-350-1798-0 03230

- 이 책은 저작권법에 따라 보호를 받는 저작물입니다. 무단전재와 복제를 금합니다.
- 파손된 책은 구입하신 서점에서 교환해 드립니다.

바디매오 이야기

이장렬 지음

추천사

성경의 바디매오 사건은 문자 그대로 한 에피소드입니다. 그런데 이 에피소드에서 구원론과 제자론의 금광을 발굴한 보고가 바로 이 책입니다. 내러티브 신학이 신학과 설교에서 중요한 관심을 받고 있는 이 때, 본 도서는 한 본문을 갖고 우리가 얼마나 치열하게 씨름할 수 있는지를 보여줍니다. 피상성에 지친 순례자들에게 이 책은 마치 깊은 우물에서 생수를 길어내듯 우리의 마음에 신선함을 줍니다.

이장렬 교수는 신학교에서 강의를 일상으로 하고 있는 분입니다. 그러나 그는 그의 강의가 캠퍼스 밖의 삶의 현장에서 어떤 의미를 갖느냐에 관심을 갖습니다. 이런 관심이 없었더라면 이런 책이 태어나기 어려웠을 것입니다. 그래서 이 책은 신학자나 목회자가 아닌 평신도들에게도 관심을 끌 것입니다. 성경 본문에 깊이 들어가 자신의 믿음의 현주소를 확인하게 되기 때문입니다.

나는 이 책으로 시대의 어둠속에 있는 많은 구도자들이 눈을 뜨게 되기를 기도합니다. 다윗의 자손 예수의 긍휼을 만나 새 인생의 길로 떠나는 순례자들을 보고 싶습니다. 잠시 바쁜 일상에서 바디매오처럼 길을 멈추고, 지나가는 메시아의 발걸음소리를 들을 수 있다면, 그리고 한 번 크게 소리 질러 그를 부를 수만 있다면, 그를 만날 수만 있다면, 우리는 디매오의 아들이 경험한 기적을 오늘날 동일하게 경험할 수 있을 것입니다. 신학함의 열정을 지닌 모든 목회 동역자와 진지한 평신도 구도자들에게 이 책을 강추합니다.

새날의 빛을 기대하는 동역자, **이동원** 목사 드림
(지구촌 목회리더십 연구소 대표)

우리가 익히 잘 알고 있는 바디매오 이야기가 새롭게 다가왔다. 마치 흑백 영화로 제작되어 그 아름다움이 묻혀있었던 스크립트가 다양한 앵글의 고화질 카메라를 통해 찬란하게 부활한 느낌이다. 능숙한 프로듀서 같은 모습으로 저자는 바디매오의 이야기를 나의 이야기, 우리의 이야기로 만들었다. 특히 바디매오가 보여준 제자도의 기쁨과 즐거움은 나의 신앙과 제자도에 대해 깊이 생각하게 만들었다. 이 책을 읽고 묵상하고 나누는 모든 이들에게 바디매오의 기적이 일어날 것을 믿는다.

정승룡 목사(대전 늘사랑교회 담임목사)

성경에 딱 일곱 절 나오는 바디매오 이야기, 그 일곱 절에는 예수 그리스도를 따르는 진정한 제자의 모습이 무엇인지 깊이 박힌 보석처럼 새겨져 있다. 저자는 그 보석을 하나씩 뽑아내어 독자에게 기쁨과 감탄을 자아내게 한다. 그리고 마침내 자신도 예수 그리스도를 따라가는 또 한 사람의 제자로 나아가게 결단하게 한다.

류응렬 목사(워싱턴중앙장로교회 담임목사, 고든콘웰신학교 객원교수)

성경학자들의 가장 큰 관심은 학문적인 관점에서 본문을 해석하는 것이다. 그러나 성숙한 성서학자는 성서 본문 연구를 통해 어떻게 교회와 성도를 섬길 것인가를 생각한다. 이번에 출간된 이장렬 교수의 책 『바디매오 이야기』는 저명한 신약성서 학자가 교회와 성도들을 위해 준비한 좋은 교재로 성경공부와 성도들의 영적 성장에 유익을 줄 것이다. 신약학자가 풍부한 역사적 배경에 대한 이해를 바탕으로 풀어낸 바디매오 이야기가 현대 그리스도인의 삶에 큰 울림이 될 것으로 확신한다.

신인철 교수(Ph. D) (침례신학대학교)

이 책의 저자인 이장렬 박사와는 미국 유학생시절 한 장학생 모임에서 만나게 되었습니다. 그 당시 박사과정에 있었던 이 목사에 대한 첫인상은 명석하면서도 열정이 넘쳤습니다. 이후 이 박사와 교제를 지속하면서 따스한 분이라는 것을 알게 되었습니다. 그런데, 이번에 출간 되는 『바디매오 이야기』는 이 박사의 명석한 분석력과, 복음에 대한 열정, 그리고 영혼을 사랑하는 따스함이 모두 담겨 있어 기쁩니다. 영적으로 어두운 이 시대에 본 도서를 통하여 영적인 시야가 열리는 복된 결실이 있길 소원하며 본 도서를 기쁜 마음으로 추천합니다.

임도균 교수(침례신학대학교 신학대학원 설교학)

평생 자기 이름 없이 누구의 아들로 불린다는 것은 즐거운 일이 아닐 것이다. 엄연히 이름을 가졌음에도 누구하나 불러 주는 이 없는 인생. 그냥 누구 집 아들, 그 사람, 심한 경우에는 신체적인 특징이나 가진 병의 이름이 그 사람의 본명보다 더 알려진 이름이 되어버린 사람들이 있다. 바로 '시각장애인 바디매오'의 인생이 그렇다. 평생 시각장애인 또는 디매오의 아들로 불리며 살아온 이 사람. 디매오의 아들은 힘겨운 인생을 살아가는 현대인들의 모습을 무척이나 닮아있다. 회사에서는 이름 대신 직책으로 불리고, 교회에서는 직분으로, 집에서는 이름대신 누구아빠, 누구 엄마가 더 친숙해진 사람들이 현대인들이다. 이름도 없이 몸에 중병까지 짊어진 디매오의 아들에게 예수님이 찾아오셨다. 아무도 주목하지 않는 그 사람을 예수님은 의도적으로 찾아오셨고, 그 사람 앞에 멈추셨고, 그 병을 어루만져 고쳐주셨다. 신약 학자인 이장렬 교수의 깊이 있는 묵상과 신선한 접근이 돋보이는 책이다. 저자는 마가복음에 등장하는 바디매오라는 성경 속의 주변인을 통해 예수님이 어떻게 비루한 인생들을 돌보셨는지, 신학적, 목회적 관점에서 탁월한 균형을 유지하면서 펼쳐 보인다. 예수님이 바디매오의 인생을 주목하고 고치셨듯이, 이 책은 바디매오같은 독자들을 예수님 앞에 다시 세운다.

길가로 내몰려진 바디매오를 고쳐, 길 위의 인생으로 바꾸신 예수께서 이 책을 읽는 모든 독자들에게도 동일하게 일하고 계심을 깨닫게 되길 바란다. 성서신학에 관심을 가진 신학생들과 목회자들을 포함하여 바디매오와 같은 캄캄한 인생길을 걷고 있는 모든 이들에게 적극 추천하고픈 책이다.

최병락 목사(강남중앙침례교회 담임목사)

목 차 contents

추천사 ··· 4
서문 ··· 10
바디매오 이야기의 중요성 ··· 15

제1부: 길가의 거지 바디매오

제1장 시각장애인 vs 시각장애인 ··· 26
제2장 거룩한 멈춤 ··· 43
제3장 '지루한' 헬라어 문법과
　　　흥미진진한 마가의 예수 중심 이야기 ··· 53
제4장 "네게 무엇을 하여 주기를 원하느냐?" ··· 61
제5장 '그저 말뿐인' 예수님 ··· 72
제6장 바디매오의 '믿음' ··· 79

제2부: 길 위의 제자 바디매오

제7장 '주와 같이 길 가는 것 즐거운 일 아닌가'　… 93
제8장 기쁨으로 겉옷 내팽개치기　… 105
제9장 관계적인 제자도(Relational Discipleship)　… 112
제10장 십자가의 제자도(Cruciform Discipleship)　… 120

맺으면서　… 127
에필로그: 누가와 함께 마가의 바디매오 이야기 읽기　… 131
미주　… 133

서문

　주일학교를 성실하게 다녔다면 바디매오 이야기를 적어도 한 번쯤은 들어봤을 것이다. 시각장애인이 눈을 뜬 신비한 사건, 그 신비한 사건의 중심에는 예수님이 계신다는 설교 또는 걸인 바디매오의 간절한 부르짖음을 따라서 우리 역시 주님께 부르짖어야 한다는 설교를 들어본 기억이 아마 있을 것이다. 어쩌면 그것이 우리가 아는 바디매오 이야기의 전부인지도 모른다. 또는 그 정도면 뭐 충분하다고 생각하는지도 모른다. 그도 그럴 것이 마가복음에 기록된 바디매오 이야기는 짧은 한 단락에 불과하다. 현재 우리가 사용하는 성경의 장과 절 구분에 따르면 바디매오 이야기는 딱 일곱 절(verses)이다(막 10:46-52).

　우리가 설교시간에 들어서 익히 알고 있는 데다가 길이도 짧은 바디매오 본문을 주제로 해서 굳이 책까지 써야 할 이유가 있나 싶을 수 있다. 그러나 바디매오 본문은 그저 '딱 일곱 절'에 불과한 본문이 아니다. 본서 전체에 걸쳐 나누고자 하는 대로 이 짧은 단락의 본문(막 10:46-52)은 은혜, 믿음, 그리고 제자 됨에 대한 너무나 소중한 가르침을 담고 있는 보물 창고다.

　글을 본격적으로 시작하기에 앞서 독자들께 이 책의 내용에 대해 몇 가지 미리 말씀드리고자 한다. 첫째로, 이 책 전체를 한 편의 설교로 생각해도 크게 틀린 것은 아니라는 사실이다. 실제로 필자는 이 책 내용 전체를 압축하여 한 번에 설교한 적이 여러 번 있다. 이하에서 각 챕터가 다루는 내용은 서로 분리된 것이 아니라 불가분의 관계로 연결되어 있으며 하나의 연합된 동력과 방향을 형성한다. 그럼에도 불구하고, 바디매오 본문을 다수의 챕터로 나누어서 주의 깊게 살펴보는 일은 의의를 지닌다고 여겨진다. 그렇게 함으로써 바디매오 본문이 갖고 있는 다양한 각각의 측면을 세심히 살펴보고 묵상할 수 있는 기회를 얻게 되기 때문이다.

한편, 바디매오 본문처럼 짧은 본문을 갖고 책을 한 권 쓰는 것 자체가 과도하다고 느끼는 분들도 계실 수 있지만, 본서에서 다룬 내용 역시 이 본문의 깊이와 풍성함을 충분히 다 다루지는 못하고 있음을 미리 인정하고자 한다. 모든 책이 그렇듯, 본서 역시 '선택과 집중'의 원리를 따랐다. 그렇기에 다루고 싶었던 내용들 중 제대로 혹은 충분히 다루지 못한 것들이 있음을 밝혀 둔다.

둘째로, 필자는 하나님의 주권적 은혜와 인간의 책임이 그분의 놀라운 지혜와 섭리 가운데 신비롭게 공존함(compatibility)을 믿는다. 본서를 읽는 중에 필자가 하나님/그리스도의 주권적 은혜를 강조하거나 바디매오/우리의 제자된 책임에 대해 강조하는 개별적 부분들을 보면서 한쪽만을 강조하는 듯한 느낌이 들 수도 있을 것이다. 하지만 책 전체에 걸쳐서 필자가 한쪽을 강조하고자 다른 쪽을 배제하거나 약화시키지 않았음을 분명히 해 둔다. 개별 챕터의 내용을 책 전체에 비추어 이해해 주시기 부탁드린다.

셋째로, 마가복음 해석에 있어 여러 고려할 사항들이 있지만 필자는 저자 마가가 그의 독자(청중)들에게 전하고자 했던 메시지가 무엇이었는지 그리고 그의 독자(청중)들이 바디매오 이야기를 어떻게 이해했을지에 우선적으로 초점을 두고자 했다. 아울러 바디매오 본문 뒤(behind)에 존재하는 역사적 상황을 재구성하는데 주된 노력을 기울이기보다는 마가복음 10:46-52에서 우리에게 주어진 성경 본문 자체에 충실하고자 노력했다. 아울러 저자 마가가 하나님께 영감을 받은 저자로서 예수님의 가르침을 가장 충실하고도 효과적으로 그의 독자(청중)들에게 전했다는 관점에서 바디매오 본문을 해석하고자 했다.

넷째로, 각 챕터 뒷부분에 '적용/토론을 위한 질문' 및 '기도'를 추가했다. 이는 이 책을 개인이나 소그룹 묵상 교재 혹은 성경공부 교재로 사용하시는 상황을 염두에 둔 것이다. '적용/토론을 위한 질문'와 '기도'가 독자 개인에게 그리고 소그룹 모임에 도움이 되시기 바란다. 아울러 더 깊이 있는 본문 이해를 원하는 독자들이나, 설교자 및 성경공부 리더들을 위해서 적잖은 분량의 미주(endnotes)를 추가했다. 일반 독자들께서는 이같은 다량의 미주를 굳이 읽으실 필요는 없다. 핵심적인 내용들은 모두 본문에 들어있다. 미주는 심화 그리고 리더를 위한 도움 제공을 목적으로 한다. 한편, 전문적인 신학연구를 하는 독자들에게는 제시된 미주의 밀도나 분량이 부족하게 느껴지겠지만 일반독자들을 염두에 둔 본서의 방향과 성격을 고려해서 이해해 주시리라 믿는다.

이 책을 준비하는 과정에서 여러분들의 사랑과 도움을 받았음을 인정할 수밖에 없다. 여러 동역자들께서 유익한 조언과 코멘트를 해 주셨다. 특별히 안지영 목사님, 유영익 목사님, 신대균 목사님, 권혁관 목사님, 권민재 목사님, 전인성 목사님께 감사드린다. 전인성 목사님은 이 책 프로젝트를 위해 필자의 연구조교 역할을 정말 훌륭히 감당해 주었다. 아울러 출판 전 과정에서 도움을 주시고 기도와 조언, 격려를 아끼지 않으신 이요섭 교회진흥원장님과 요단출판사 강성모 간사님, 김성집 목사님께 진심으로 감사드린다. 또한 부족한 사람을 위해 사랑으로 기도해 주시는 가족 모두에게 깊이 감사드린다.

무엇보다 그 누구보다 주께 감사드린다. 이 책의 태생 자체가 주님의 은혜다. 2018년 가을, 필자가 오랫동안 씨름하고 또 씨름하던 학술적인 책을 준비하고자 연구실에 나왔으나 그 날따라 학교 전산망이 다운되어 해당 파일을 데이터베이스에서 아예 불러올 수가 없었다. 그래서 뜻하기 않게 이 책의 원고 작업을 본격적으로 시작하게 됐다. 지난 1년간 은혜가 고갈되거나 바닥난 것 같을 때 바디매오 본문을 묵상하며 여러 번 힘을 얻었고 이 책의 최종 원고를 준비하는 마지막 순간에도 주께서 새로운 은혜를 주시고 영혼을 어루만져 주시며 새 힘 주심을 경험했다. 그렇다! 모든 것이 주의 은혜다. 나의 나 된 것이 하나님의 은혜. 그리고 이 책은 그 은혜의 작은 부산물이다.

이 책을 사랑하는 아들, 성민에게 헌정한다. 아들아, 예수님의 은혜에 푹 잠겨 그분을 신뢰하고 십자가로 향하는 그 길 위에서 주님을 충성되이 좇는 인생을 살기를 응원하고 기도한다.

2019년 10월 캔자스시티 미드웨스턴 세미나리 교정에서
이 장 렬

바디매오 이야기의 중요성

아래에서 1부와 2부에 걸쳐 바디매오 본문(막 10:46-52)이 담고 있는 보화들에 대해 나눌 것이다. 그에 앞서 바디매오 본문의 역사적, 문학적, 신학적 중요성에 대해 간략히 살펴보기 원한다. 그러나 이 간략한 논의가 다소 학문적인 요소를 포함하고 있고 그로 인해 이 책의 내용 중 가장 딱딱하게 다가올 수 있기에 독자의 판단에 따라 이 부분을 건너뛰고 제1부로 바로 넘어가도 좋을 것이다.

역사적 중요성

마가복음 10:46-52은 '바디매오'라는 인물, 그리고 예수님이 그를 어떻게 만나 주셨는지에 대한 의미 있는 역사적 자료를 제공한다. 마가복음 10:46에 나타나듯 저자는 예수님이 고쳐 주신 사람을 소개하면서 "디매오의 아들 …… 바디매오"['바디매오'는 '디매오의 아들'이란 뜻임]라고 중복된 언급을 한다.[1]

> 그들이 여리고에 이르렀더니 예수께서 제자들과 허다한 무리와 함께 여리고에서 나가실 때에 디매오의 아들인 시각장애

인² 거지 바디매오가 길 가에 앉았다가(막 10:46).

별도의 소개나 설명 없이 '디매오'와 '바디매오' 부자가 언급된 것은 적어도 이 둘 중 한 명 혹은 두 사람 모두 마가의 최초 독자들에게 잘 알려져 있었음을 암시하는 것으로 보인다.

마가복음 본문이 바디매오에 대한 역사적 정보를 구체적으로 제공한다는 사실은 병행 구절인 마태복음 20:29-34 및 누가복음 18:35-43과의 비교를 통해서도 확인된다. 마태 및 누가의 병행 구절들은 그를 '시각장애인'이라고만 언급할 뿐 그의 이름("바디매오")를 언급하지 않는다. 이 시각장애인의 이름("바디매오") 혹은 그가 디매오의 아들이었다는 사실은 오직 마가의 기사에서만 명시적으로 보도된다. 물론 그의 이름에 대한 중복된 언급("디매오의 아들 …… 바디매오")은 마가의 독자들이 아람어를 이해하지 못하는 이방 그리스도인이었음을 시사한다(예를 들어 막 5:41; 7:34을 참고하라). 아람어 '바'가 '아들'이란 뜻을 지녔음을 이방인 독자들에게 설명하기 위해 저자 마가는 '디매오의 아들 …… 바디매오'라는 중복적 언급을 마다하지 않았을 수 있다.

설사 그렇다 하더라도 저자 마가가 예수님께 치유받는 사람의 이름을 언급하는 경우는 바디매오 본문(막 10:46-52)이 유일하기에 이러한 독특한 거명 행위는 저자 마가가 바디매오라는 특정 인물에 대해 구체적 관심을 갖고 있었음을 드러내 주는 것으로 봐야 한다. 치유 받은 사람의 이름이 거명되는 이 유일한 예(막 10:46)에 상대적으로 근접한 예는 마가복음 5장에 나타난다(막 5:21-43). 하지만 마가는 이 부분에서 치유 받은 12세 소녀의 아버지의 이름('야이로')을 언급할 뿐(막 5:22), 치유된 소녀의 이름에 대해서는 침묵한다. 그와 유사하게 마가복음 1:30-31는 예수님이 시몬 베드로의 장모를 치유하신 사건에 대해 기록하지만 장모의 이름에 대해서는 언급하지 않는다. 이미 밝힌 대로 마가복음 내에서 치유된 사람의 이름이 직접 언급되는 경우는 바디매오 본문이 유일무이하며, 우리는 이러한 유일성에 주목해야 할 필요가 있다.

지금까지 바디매오 본문(막 10:46-52)이 가진 역사적 가치에 대해 간략하게 언급했다. 이어지는 부분에서는 문학적, 신학적 차원에서 생각해 보고자 한다. 먼저 문학적인 차원부터 시작해 보겠다.

문학적 중요성

바디매오 본문은 문학적인 차원에서 큰 중요성을 지닌다. 특별히 마가복음의 문학적 구조 내에서 바디매오 본문의 위치가 매우 의미심장하다. 이 본문(막 10:46-52)은 앞서 등장하는 점진적인 시각장애인 치유 사건(막 8:22-26)과 더불어 수난 예언의 '3중 사이클'(막 8:27-9:29; 9:30-10:31; 10:32-10:45)을 포획하는 한편, 예수님의 예루살렘 입성 장면(막 11:1-11) 바로 앞에 위치하여 주님의 승리의 행진을 예비한다.

> ## 마가복음의 문학적 구조
>
> 프롤로그 (1:1-13)
>
> 갈릴리 사역(1:14-8:21)
>
> 예루살렘으로의 여정[3] (8:22-10:52)
> - 벳세다에서의 시각장애인 치유(8:22-26)
> - 수난-부활 예언의 사이클 I(8:27-9:29)
> - 수난-부활 예언의 사이클 II(9:30-10:31)
> - 수난-부활 예언의 사이클 III(10:32-45)
> - 여리고에서의 시각장애인 바디매오 치유(10:46-52)
>
> 예루살렘 사역 (11-16장)

바디매오 본문(막 10:46-52)은 마가복음의 요절로 불리는 마가복음 10:45[4]와 예수님의 예루살렘 입성(막 11:1-11) 중간에 위치한다. 바디매오 본문은 소위 '여정'(journey) 부분으로 알려진 마가복음 중간부(8:22-10:52)를 종결하면서 예루살렘 사역(막 11-16장)의 개시를 준비하는 사건이다. 또한 바디매오 단락은 마가가 기록한 딱 두 번의 시각장애인 치유 사건(막 8:22-26; 10:46-52) 중 두 번째 사건을 보도한다. 이 사건은 마가복음에 기록된 수많은 치유기사 중 맨 마지막 치유사건이기도 하다. 나아가 여리고에서 발생한 일 중 마가가 보도한 유일한 사건이기도 하다(막 10:46).

그런데 예수님이 여리고를 떠나려 하시던 때(막 10:46)는 어떤 시점인가? 여리고와 예루살렘 간의 지리적 거리를 계산한 후 '예수님이 예루살렘으로부터 대략 27킬로미터(17마일) 정도 떨어진 지점에 계셨구나' 혹은 '예루살렘으로 올라가는 길이 가파르지만 열심을 내면 하루만에 그리고 조금 여유 있게 가면 1박 2일로 갈 수 있는 지점에 계셨구나' 정도로 간단하게 생각할 수도 있을 것이다. 하지만 예수님이 여리고를 지나가신 시점에 대해 곰곰이 되짚어보면 바디매오를 위해 행차를 멈추시고 그를 친히 불러 시력을 고쳐 주신 사건의 중요성이 더 분명해진다.

여리고는 주님이 예루살렘으로 입성하시기 전에 들른 마지막 장소였다. 시간적으로 따져 보자면 인류 역사상 가장 중요한 사건, 즉 십자가의 대속적 죽음과 영광스러운 부활까지 짧게는 일주일 여, 길게는 몇 주 정도밖에 남지 않은 극도로 의미심장한 시점이었다. 한편 죽음의 그림자가 드리우기 시작하는 시점으로 볼 수도 있다. 마가의 보도에 따르면 바디매오 사건은 예루살렘 입성을 코앞에 두고 십자가 처형의 그림자가 짙게 드리워지기 시작하는 바로 그 시점에 일어났다.(물론 십자가 처형의 그림자는 동시에 부활의 그림자이기도 했다![막 8:31; 9:31; 10:33-34])

한편, 바디매오 본문 바로 앞 절인 마가복음 10:45은 예수님 죽음의 대속적 성격을 명확하게 규정해 주는 너무나도 중요한 선언을 담고 있다. "인자가 온 것은 섬김을 받으려 함이 아니라 도리어 섬기려 하고 자기 목숨을 많은 사람의 대속물로 주려 함이니라"(막 10:45).

비록 간략하게만 살펴봤지만, 이상의 내용만으로 바디매오 본문(막 10:46-52)이 마가복음의 문학적 구조 안에서 극히 전략적이고 의미심장한 지점에 위치하고 있음만은 분명해졌으리라 생각한다. 이제는 바디매오 본문이 지닌 신학적 중요성에 대해 살펴보도록 하자.

신학적 중요성

바디매오 본문은 역사적, 문학적 차원에서뿐 아니라 신학적인 차원에서도 매우 중요한 가치를 갖는다. 사실 바디매오 본문의 신학적 가치는 앞서 이 본문의 문학적 가치를 언급하면서 이미 어느 정도 언급되었다. 하지만 추가할 것들이 조금 있다.

앞으로 더 자세히 나누게 되겠지만, 마가복음 10:46-52의 바디매오 이야기는 그리스도의 십자가 죽음과 제자도 간의 밀접한 관계에 대해 가르쳐 준다. 그런데 여기서 필자가 말하는 '제자도'는 결코 율법주의, 공로주의, 도덕주의, 또는 행위주의의 산물이 아니다. 이는 철저하게 예수 그리스도의 자비와 긍휼, 특별히 그리스도의 십자가 대속을 통해 계시된 하나님의 은혜와 사랑에 그 기반을 둔다.

이미 언급한 대로 바디매오 본문(막 10:46-52)은 자신을 '대속물'(ransom)로 정의하신 주님의 말씀(막 10:45)과 십자가를 그 종착지(막 14:24 및 15장 전체 참조)로 하는 예루살렘 입성 사건(막 11:1-11)에 의해 양쪽 방향에서 포위되어 있다. 그렇게 볼 때, 예수 그리스도의 십자가 대속과 분리해서 바디매오 본문을 해석할 수 없고 또 해석해서도 안 된다. 바디매오 본문(막 10:46-52)의 의미는 반드시 그 본문을 둘러싸고 있는 구절들과 연결해서 이해되어야 한다.[5]

나아가 우리는 마가복음의 핵심 메시지를 고려함에 있어 신약의 네 복음서들(마태복음, 마가복음, 누가복음, 요한복음)을 '긴 서론부를 가진 수난 기사들'(passion narratives with extended introductions)이라고 정의한 마틴 캘러(Martin Kähler)의 이야기에 귀 기울일 필요가 있다.[6] 그렇다! 마가복음의 진정한 '본론'은 그리스도 대속적 죽음이다. 그리스도의 십자가 죽음이 마가복음의 심장이다!(막 10:45[고전 2:2; 갈 6:14 참조])

그렇다면 마가복음 10:46-52이 우리에게 던져주는 제자도에 대한 가르침은 반드시 그리스도의 십자가에서 계시된 하나님의 은혜와 긍휼에 기반하여 이해돼야 한다. 마가복음 내에 그리고 바디매오 본문(막 10:46-52) 내에 제자도의 율법주의적 왜곡을 위해 허락된 공간은 한 치도 존재하지 않는다.

소결론: 바디매오 이야기의 중요성

위의 내용에 근거하여 바디매오 본문(막 10:46-52)의 역사적, 문학적, 신학적 가치를 종합적으로 고려할 때, 이 본문이 비록 일곱 절에 불과한 짧은 본문이지만 대단히 무게감 있고, 밀도 높은 본문이라는 사실만은 매우 분명해졌으리라 생각한다.

바디매오 본문의 가치는 실천적인 측면에서도 어렵지 않게 발견된다. 책 제2부 내용과의 중복을 피하고자 바디매오 본문이 지닌 실천적 가치에 대해서는 다음과 같은 간략한 암시로 대신하고자 한다. 바디매오 이야기는 길가에 앉아 구걸하던 시각장애인(막 10:46)이 긍휼이 넘치는 메시아 예수님을 통해 치유 받은 후, 십자가로 나아가는 그분을 따르는 매우 인상적인 장면으로 강한 여운을 남기며 종결된다!(막 10:52)

제1부
길가의 거지 바디매오

바디매오 본문 (개역개정)

(막 10:46) 그들이 여리고에 이르렀더니 예수께서 제자들과 허다한 무리와 함께 여리고에서 나가실 때에 디매오의 아들인 시각장애인 거지 바디매오가 길 가에 앉았다가

(막 10:47) 나사렛 예수시란 말을 듣고 소리 질러 이르되 다윗의 자손 예수여 나를 불쌍히 여기소서 하거늘

(막 10:48) 많은 사람이 꾸짖어 잠잠하라 하되 그가 더욱 크게 소리 질러 이르되 다윗의 자손이여 나를 불쌍히 여기소서 하는지라

(막 10:49) 예수께서 머물러 서서 그를 부르라 하시니 그들이 그 시각장애인을 부르며 이르되 안심하고 일어나라 그가 너를 부르신다 하매

(막 10:50) 시각장애인이 겉옷을 내버리고 뛰어 일어나 예수께 나아오거늘

(막 10:51) 예수께서 말씀하여 이르시되 네게 무엇을 하여 주기를 원하느냐 시각장애인이 이르되 선생님이여 보기를 원하나이다

(막 10:52) 예수께서 이르시되 가라 네 믿음이 너를 구원하였느니라 하시니 그가 곧 보게 되어 예수를 길에서 따르니라

본서의 전반부인 제1부에서는 바디매오 본문(막 10:46-52)의 내용 전반에 대해 다루고자 한다. 그런 후에 책의 후반부인 제2부에서 '제자도'(discipleship)라는 의미심장한 주제에 집중하고자 한다. 하지만 제자도에 관한 제2부의 본격적 논의에 앞서 제1부에서 먼저 바디매오 본문 내용 전체를 충실히 이해해야 한다. 바디매오 본문이 지닌 제자도의 동력이 이 본문 내의 다른 요소들과 유기적으로 연결되어 있기 때문이다. 만일 우리가 이 요소들을 간과한다면 결국 제2부에서 제시될 제자도에 관한 논의가 하나님 말씀을 도외시한 우리들의 자기 투영에 그칠 수밖에 없기 때문이다.

필자는 이하의 제1부에서 바디매오 이야기의 전개에 따라 이 본문을 설명할 것이다. 바디매오 본문에서 부각되는 여섯 가지 요소(제1~6장 각각을 보라)에 상대적으로 집중하면서 이야기를 풀어갈 것이다. 단, 제2부와의 중복을 피하기 위해 제자도에 대한 내용은 간략하게 언급하고 그 외의 요소들에 많은 지면을 할애할 것이다.

제1장
시각장애인 vs 시각장애인

―――――

> 나사렛 예수시란 말을 듣고 소리 질러 이르되 다윗의 자손 예수여 나를 불쌍히 여기소서 하거늘 많은 사람이 꾸짖어 잠잠하라 하되 그가 더욱 크게 소리 질러 이르되 다윗의 자손이여 나를 불쌍히 여기소서 하는지라(막 10:47-48)

시각장애인 바디매오

우리가 시각장애인 바디매오를 처음 만나는 장소는 길가다(막 10:46). 시각장애인 바디매오가 위치한 공간을 묘사하는 '길가'는 사실 누구라도 잠시 머물고 싶을 만한 장소가 아니다. 특히 마가복음의 맥락에서는 더욱 그렇다.

저자 마가는 '길가'라는 표현을 총 3번 사용한다. 우리가 집중하고 있는 바디매오 본문(막 10:46)에서 한 번, 그리고 마가복음 4장에서 2번 사용한다. 마가복음 4:1-20에 있는 하나님 나라에 관한 예수님의 비유(막 4:4)와 그 해석(막 4:15)에서 '길가'가 각각 한 차례씩 언급된다.

여기서 '길가'는 "사단이 즉시 와서 …… 뿌리운 말씀을 빼앗는" 장소로 묘사된다(막 4:15).

바디매오 본문(막 10:46-52)에서 '길가'는 앞을 전혀 볼 수 없는 자가 경험하는 어둠, 종교-사회적 소외, 그리고 생존을 위한 처절한 몸부림과 연결되어 있다. 그런 피하고 싶은 장소에 앉아 하루하루 연명을 위해 구걸할 수밖에 없는 것이 부인하기 어려운 바디매오의 '운명'이었다.

시각장애인 바디매오에게 있어 구걸로 연명하는 그의 인생 자체보다 더 비참한 것이 있다면 아마도 그를 향한 부정적 시각이었을 것이다. 1세기 당시 유대 사회에서 시각장애인은 심각한 죄인으로 취급받고, 저주받은 자로 여겨졌으며, 그로 인해 심각한 종교-사회적인 고립을 경험했다. 만일 시각장애가 당사자의 잘못에 대한 하나님의 심판이 아니라면 부모의 죄에 대한 하나님의 심판으로 여겨졌다(요 9:2 참조). 이 둘 다 극도의 비참함, 그리고 극도의 종교-사회적 소외를 의미했다. 이 둘 중 어느 쪽이 더 비참한지 선택하기가 쉽지 않다.

앞을 전혀 볼 수 없는 상태로 구걸하는 인생도 처참하지만, 그 누구에게도 제대로 된 이스라엘 언약공동체의 일원으로 인정받지 못하는 현실은 바디매오에게 더 큰 상실감을 안겨주었을 것이다. 앞을 보지 못함으로 인해 경험하는 시각적 어두움보다 그가 매일 겪는 종교-사회적 단절이 아마 더 칠흑 같았을 것이다. 다른 사람들은 두 눈으로 예수님을 바라보면서 예루살렘을 향한 그의 행진에 열정적으로 동참하고 있는데, 앞을 일체 볼 수 없는 바디매오는 길모퉁이에 앉아 생존을 위해 외롭고도 처절한 몸부림을 계속한다(막 10:46).

"다윗의 자손 예수여"(막 10:47)

그런 와중에 시각장애인 바디매오가 '나사렛 예수시란 말'(막 10:47)을 들었다. 누가는 이에 대해 조금 더 상세한 설명을 제공하는데, 시끌벅적한 군중의 이동을 알아차린 바디매오가 이게 어찌 된 일이냐고 주변에 물었을 때 예수가 지금 그곳을 지나간다는 답을 얻었다(눅 18:36-37). 나사렛 예수가 지나간다는 이야기를 들은 시각장애인 바디매오는 "다윗의 자손 예수여 나를 불쌍히 여기소서!"(막 10:47)라고 소리친다.

바디매오가 어떻게 그런 의미 있는 기독론적 고백을 하게 됐는지에 대해 저자 마가는 침묵한다. 추측건대, 바디매오는 예수의 치유와 축사, 그리고 그의 권위 있는 가르침에 대해 다른 이들을 통해 이미 들어 적어도 어느 정도는 알고 있었으리라. 또한 종교-사회적으로 소외당한 자들에 대한 예수의 관심과 긍휼(막 2:13-17 참조)에 대해서도 어느 정도는 사전에 들었으리라.

1세기 당시 유대교 분파 중 가장 대중적으로 인기가 높고 규모가 큰 분파는 바리새파였다. 그 규모가 6천 명가량 됐다는 요세푸스의 증언[7]을 생각할 때, 기적을 베풀어 단번에 남자 어른만 4천-5천 명씩을 먹이신 예수의 인기 및 최초 예수 운동의 파장이 어떠했을지 그리 어렵지 않게 짐작이 된다.

시각장애인 바디매오도 예수와 그가 행한 일에 대해 들을 기회가 있었을 것이다. 추측을 넘어 단언할 수 있는 한 가지는 시각장애인 바디매오가 하나님이 다윗에게(그의 가문에서 일으키시리라고) 약속하셨고 이스라엘이 그토록 고대했던 메시아와 나사렛 예수를 동일시했다는 사실이다![8] 바디매오는 예수를 '다윗의 자손', 즉 메시아로 고백한다.

> "나사렛 예수시란 말을 듣고 소리 질러 이르되 다윗의 자손 예수여 나를 불쌍히 여기소서 하거늘"(막 10:47).

마가복음 10:47-48은 '다윗의 자손'이란 기독론적 호칭(christological title)이 사용된 마가복음 내의 유일한 예다. 마가복음 12:35-37에도 비슷한 용례가 있지만, 거기서는 '다윗의 자손'이란 표현이 기독론적 호칭으로 쓰이지 않고, 단지 메시아가 다윗 가문 출신임(the Messiah's David descent)을 가리키는 목적으로 사용된다. 마가복음 내에 예수님의 메시아되심을 다윗왕과 연관지어 이해하는 중요 구절들이 여럿 있지만(막 10:47-48; 11:10; 1:11 및 9:7[시 2:7 인용]; 막 2:25-26; 12:10-11; 15장의 다양한 구절들), '다윗의 자손'이란 기독론적 호칭은 오직 바디매오의 고백에서만 발견된다. 마가의 보도에 따르면, 바디매오는 예수님을 향해 '다윗의 자손'이란 호칭을 단 한 번만 사용한 게 아니다(막 10:47, 48).

예수님은 그런 바디매오를 꾸짖거나 교정하시지 않고 친히 불러 그가 요청한 대로 시력을 얻게 해 주실 뿐 아니라 "네 믿음이 너를 구원하였느니라"(막 10:52)는 엄청난 칭찬까지 해 주시는데, 그같은 사실은 바디매오가 예수님께 사용했던 호칭('다윗의 자손')이 적절한 것임을 암시한다.

1세기 유대교에서 '다윗의 자손'이란 호칭은 크게 볼 때 '메시아'라는 호칭과 상호교환(interchange)이 가능한 표현이었다. 물론 '다윗의 자손'이라는 어구는 (가) 다윗의 왕적 유산 및 (나) 다윗 가문에 나오게 될 이상적인 왕에 대한 기대감을 '메시아'라는 호칭보다 더 직접적으로 표현하는 기능을 갖고 있었다. 그러나 그 실제적 의미에 있어서 '다윗의 자손'과 '메시아'는 같거나, 유사한 의미로 사용되었다.

마가복음에서 지금 이 시점(막 10:46-52)까지 예수님을 '메시아'로 칭한 사람은 열두 제자의 대표자요, 대변인 역할을 하는 베드로뿐이었다(막 8:27-30, 특히 29절).[9] 하지만 베드로는 예수님을 메시아로 고백한 후 얼마 지나지 않아 메시아 예수님이 고난받으셔야 한다는 사실에 강력히 반대함으로써 주님으로부터 "사탄아 내 뒤로 물러가라 네가 하나님의 일을 생각하지 아니하고 도리어 사람의 일을 생각하는도다"라는 강도 높은 훈계의 말씀을 듣는다(막 8:33). 이는 바디매오가 그의 믿음에 대해 예수님께 칭찬받은 것(막 10:52)과 간접적인 대조를 이룬다.

"나를 불쌍히 여기소서"(막 10:47)

예수님을 '다윗의 자손', 즉 메시아로 호칭한 것 외에도 바디매오는 자신이 '다윗의 자손' 예수님의 긍휼이 절대적으로 필요한 자임을 겸허히 인정한다.[10] 바디매오는 예수님이 메시아이심을 믿었을 뿐 아니라 그 메시아가 긍휼함이 풍성하신 분이란 사실을 믿었다. 그렇기에 자신이 매일 앉아 구걸하는 그 길가를 메시아 예수가 지나가고 계심을 깨닫게 되었을 때, "다윗의 자손 예수여 나를 불쌍히 여기소서!"라고 필사적으로 외칠 수 있었다. 목청이 떨어지라 그렇게 외치고, 또 외쳐댔다(막 10:47, 48).

우리는 자신이 누군가의 긍휼함이 절실히 필요한 대상이라는 사실을 수치나 불명예로 여기는 경향이 있다. 누군가 나를 티 안 나게 도와주면 고맙게 생각하는 편이다. 그러나 우리가 남의 도움이 필요한 자라는 것을 공개적으로 인정하는 일에는 인색하다. 하지만 적어도 주님과의 관계에서는 그런 체면치레를 해선 안 된다. 주님 앞에서는 우리 자신이 그분의 은혜가 절대적으로 필요한 자임을 바디매오처럼 인정해야 한다. 주님의 긍휼이 없다면 비참해질 수 밖에 없는 것이 우리의 존재임을 겸허히 인정해야 한다(요 15:5 참조). 그런 뜻에서 "다윗의 자손 예수여, 나를 불쌍히 여기소서"라는 바디매오의 간구는 바로 우리가 주님께 아뢰야 하는 간구다.

주님의 긍휼 없이는 스스로 감당할 수 없고, 헤쳐갈 수 없는 게 우리 인생임을 겸손히 인정하자. 우리의 문제를 스스로 해결할 수 없음을 솔직히 받아들이자. 우리 모두 주님의 긍휼함이 절실하게 필요한 자임을 숨기지 말고 고백하자.

우리는 메시아가 아니다. 예수님이 메시아시다. 돈이 우리 구주가 아니다. 예수님이 구주시다. 어느 누구도, 그 무엇도 우리 주님이 될 수 없다. 오직 예수님이 주님이시다! 이 사실을 명확하게 받아들이고, 바디매오처럼 겸손히 예수님의 도움을 구해야 한다(막 10:47, 48).

"모든 인간은 주님의 긍휼히 여기심이 필요한 존재다"라고 일반적으로 말하기는 그리 어렵지 않다. 하지만 다른 어느 누구도 아닌 나 자신이 주님의 긍휼함을 절대적으로 필요로 하는 자임을 철저하게 인정하기는 사실 쉽지 않다. 우리는 그만큼 교만하다.

우리 힘으로 도저히 어떻게 해볼 수 없는 상황이 닥치면 잠시 이 사실을 인정했다가도 그 어려운 상황이 조금 지나가면, 다시 스스로 어떻게 해보려고 하는 것이 우리의 성향이다. 위기가 지나가면, 나 자신이 주님의 긍휼함이 절대적으로 필요한 존재임을 광속으로 망각한다. 하지만 이제 제발 잊지 말자! 우리 생애에 주님의 은혜와 긍휼함이 필요하지 않은 순간은 단 한 순간도 존재하지 않는다.

아직 예수님의 긍휼에 관해 너무나 중요한 이야기가 한 가지 남았다. 앞서 바디매오 본문(막 10:46-52)이 예수님의 대속적 죽음에 대한 장엄한 선언(막 10:45)과 예루살렘(예수님이 십자가에 달려 죽으신 바로 그 장소) 입성 장면(막 11:1-11) 사이에 위치하고 있음에 주목했다. 아울러 성경해석에서 특정 본문(예: 막 10:46-52에 기록된 바디매오 본문)의 의미는 그 본문의 콘텐츠뿐 아니라 그 본문의 콘텍스트(즉, 본문이 위치한 맥락)에 의해 결정됨도 언급했다.

그렇게 볼 때, 바디매오가 구한 메시아의 긍휼, 그리고 메시아 예수님이 바디매오에게 베푸신 치유의 긍휼(막 10:46-52)은 주님께서 십자가에서 베푸실 그 궁극적 긍휼과 연결 지어 이해되어야 한다. 예수님은 십자가에 달리시기 전부터 사람들에게 긍휼을 베푸셨다. 그의 공생애에 걸쳐 긍휼로 사람들을 대하셨고, 긍휼로 그들을 먹이시고, 긍휼로 그들을 가르치셨으며, 긍휼로 그들을 고치시고, 그들을 괴롭히는 귀신을 쫓아내 주셨다. 그리고 예루살렘 입성을 코앞에 둔 이 시점에서 가던 길을 멈추시고 바디매오의 시력을 긍휼로 치유하신다. 그러나 예수님의 긍휼 사역의 최절정이자 완성은 바로 십자가의 대속적 죽음이다(막 10:45; 14:24, 15장 전체).

바디매오가 살았던 시대의 2,000년 후를 사는 우리 역시 매일 주님의 긍휼을 절실히 필요로 한다. 잊지 말자! 주님이 과거에서부터 현재까지, 나아가 미래에 베푸실 모든 긍휼의 최정상은 골고다의 십자가 대속사건이다. 십자가는 예수님의 긍휼 사역의 중심이요 완성이다! 만일 주님이 나를 긍휼히 여기신다는 사실이 희미해져 간다면 즉시 하던 일을 중단하고, 십자가에서 우리를 위해 흘리신 주님의 피와 찢기신 그의 몸에 대해 묵상해야 한다(막 10:45; 14:24). 주님께서 십자가에 달려 필자와 독자들 대신 당하신 고난을 깊이 묵상해야 한다. 그리고 거기서부터 다시 새롭게 시작하고, 일어나야 한다. 바로 십자가 밑에서 나를 향한 주님의 사랑과 긍휼에 대한 확신을 회복해야 한다.

자신의 감정과 체험, 생각과 추론, 의지와 결단에 의해 주님이 자신을 사랑하는지를 측정하고, 확인하려는 사람은 늘 불안정할 수밖에 없다. 우리는 하나님 나라를 이미 성령 안에서 경험하고 있다. 하지만 아직 타락의 영향 가운데 내, 외부적으로 노출되어 있다.[11] 그러므로 우리의 생각, 감정, 의지는 타락이 가져온 왜곡의 영향력에서 완전히 자유로울 수 없다. 그렇기에 주님의 사랑을 자기 생각, 감정, 의지에 근거하여 측정하려는 노력은 실패와 혼동으로 귀결될 가능성이 농후하다. 반면, 자기 생각, 감정, 의지가 아니라 예수 그리스도의 십자가에서 주님의 사랑을 발견코자 하는 자는 결코 영적 '실연'을 경험하지 않는다(갈 2:20 참조).

분명하게 기억하자! 예수님의 긍휼의 정점은 바로 십자가다! 그리스도께서 공생애 동안 베푸신 모든 긍휼의 사역들과 우리가 매일의 삶 가운데 실존적으로 경험하는 그리스도의 긍휼은 골고다 언덕에서 그가 이루신 대속 사역과 연결해서 이해될 때에만 그 본연의 의미를 찾는다.

"많은 사람이 꾸짖어 잠잠하라 하되 그가 더욱 크게 소리 질러" (막 10:48)

지금까지 예수님을 메시아로 인식하는 바디매오의 신앙고백에 대해 살펴봤다. 또한 바디매오 자신이 예수님의 긍휼이 절실히 필요한 자임을 겸손히 인정했음을 살펴봤다.

그렇다면 그 절실함은 어떻게 표현되었는가? 바디매오의 고백(막 10:47)은 결코 조용하고 신사적인 것이 아니었음을 기억해야 한다. 바디매오의 고백은 사실 절규나 굉음에 가까웠다. 대중음악에 비유하면, 달콤한 발라드와는 거리가 멀었다. 귀가 쩌렁쩌렁 울리다 못해 고막 걱정을 하게끔 하는 헤비메탈에 오히려 더 가까웠다. 예수님을 따르던 제자들과 함께 가던 무리는 바디매오가 예수님께 방해만 된다고 판단했고, 그런 판단에 따라 바디매오를 매섭게 꾸짖었다. "많은 사람이 꾸짖어 잠잠하라 하되"(막 10:48).

이 부분(막 10:48)에서 마가가 사용한 동사 '꾸짖다'와 '잠잠하다'에 주목할 필요가 있다. 이 두 동사의 결합은 앞서 예수님이 바다의 광풍과 파도를 꾸짖으시는 마가복음 4장 뒷부분에서 등장한 바 있다.

"예수께서 깨어 바람을 꾸짖으시며 바다더러 이르시되 잠잠하라 고요하라 하시니 바람이 그치고 아주 잔잔하여지더라" (막 4:39).

제자들과 군중들은 바디매오가 마치 광풍에 요동하는 바다의 거친 파도라도 되는 듯 그에게 입을 다물라고 호통친다. 하지만 바디매오는 대다수의 호된 꾸중에 굴하지 않고 더욱 큰 소리로 "다윗의 자손이여 나를 불쌍히 여기소서"(막 10:48)라고 외쳐 댄다. 어찌 보면 제자들/군중들 vs. 바디매오 간의 샤우팅 매치(shouting match)가 열린 것과도 같은 광경이다.

그런데 마가가 보도하는 바디매오의 외침은 그저 단번에 그친 게 아니다. 마가복음 10:47, 48 각각에서 바디매오가 예수님께 도움을 청하는 장면이 거듭 등장한다. 아울러 바디매오의 외침을 묘사하는 47, 48절의 헬라어 동사 표현을 살펴보면, 그의 외침이 그저 몇 번에 그친 단발적 시도가 아니었다는 암시를 받는다. 바디매오는 집요하고, 끈질기게 예수님의 긍휼을 구했다. 그러고 보면 왜 사람들이 그를 그렇게 나무랐는지 좀 이해도 된다. 솔직히 필자라도 그를 나무랐을 듯 싶다.

주후 60년대 로마에 살고 있던 마가복음 최초 독자들은 "십자가에 달려 죽은 나사렛 예수가 인류의 메시아시고 하나님의 아들이다!"(막 1:1; 1:11; 9:7; 15:39; 롬 1:3-4 참조)라고 고백했지만, 로마 정부는 이를 꾸짖고 경멸하며 조롱했다(막 15:16-20 참조). 사실 로마제국은 그들을 꾸짖고, 경멸하고, 조롱하는 것을 넘어 핍박하고, 무참히 죽였다. 그들을 십자가에 매달기도 하고, 콜로세움으로 내몰아 사자 밥이 되게도 했다.[12] 그러나 마가의 독자들은 바디매오가 경험했던 그런 비웃음과 경멸, 꾸짖음에 굴하지 말고, 예수의 메시아 되심을 더욱 용기있게 고백하고 끈질기게 선포해야 했다(막 8:38).

21세기를 사는 필자와 독자의 대부분은 예수님을 믿는다고 십자가에 못 박히거나 사자밥이 되지는 않는다. 하지만 그리스도인들이 비웃음거리가 되고, 꾸지람 듣는 일은 빈번하다.[13] 그리스도인들이 꾸지람 듣고, 조롱받는 상황 가운데서라도 우리는 예수님의 메시아 되심을 신뢰하고, 고백하고, 선포함에 있어서 조금도 위축되어선 안 된다. 우리 자신이(그리고 모든 사람이) 메시아 예수님의 긍휼함이 절대적으로 필요한 존재임을 솔직하고, 겸손하게 고백하고, 선포해야 한다. 핍박과 반대 가운데서라도 담대하고, 끈기 있게 긍휼의 주 예수님과 그의 대속의 십자가에 대해 고백하고, 선포하고 또 나누어야 한다.

대다수의 꾸짖음에도 불구하고 메시아 되신 예수님을 거듭 목청이 떨어져라 부르며 그분의 도우심을 요청한 바디매오는 집요하고도 끈질겼다. 그런데 여기서 한 가지만 더 생각해 보자. 어떻게 바디매오가 그 많은 사람의 꾸지람에 꿈쩍하지 않을 수 있었을까?(막 10:48)

한두 사람이 우리를 꾸짖어도 솔직히 마음이 흔들린다. 거기에 몇

명이 더 가세하면 겉으로는 티를 안 내려고 애쓰지만 분명 마음이 크게 위축될 것이다. 몇 사람만 우리를 대놓고 조롱하고, 경멸해도 마음이 아프고, 힘든데, 바디매오의 경우처럼 절대 다수가 우리를 반대하고, 꾸중하고, 억누르면 어디 개미 같은 소리라도 나오기나 할까? 그런 상황에 직면하면 도리어 우울감과 침체감만 심화되지는 않을까?

하지만 바디매오는 대다수의 꾸지람에 조금도 위축되지 않았다. 많은 이들이 그를 호되게 꾸짖을 때 도리어 더 큰 목소리로 메시아의 긍휼을 요청했다.[14] 바디매오가 많은 사람의 꾸지람에 조금도 굴하지 않을 수 있던 이유는 아마도 그에게 메시아의 긍휼의 손길이 너무나 절실했기 때문일 것이다. 자신이 처한 절실한 상황을 솔직하고 겸손하게 받아들였기 때문이다.

바디매오는 당시 종교-사회시스템으로부터 유리된 시각장애인이자 걸인으로 살아가는 자신의 처절함을 선명하게 인식했고, 그 가운데 긍휼의 메시아가 자신을 눈뜨게 해줄 것을 끈질기게 믿고 기대했다. 상황이나 주변의 반응에 굴하지 않는 그의 끈질김은 사실 믿음의 한 중요한 측면이며, 의미 있는 믿음의 표현이다(막 10:52; 히 10:19-12:3). 그리고 그 끈질김의 근저에는 자신이 얼마나 절실하게 주님의 긍휼함을 필요로 하는 사람인지에 대한 선명한 인식이 자리 잡고 있다.

우리가 주변의 조소와 꾸지람에 쉽게 굴하지 말고, 예수의 메시아 되심을 끈질기게 - 입술로 그리고 삶으로 - 고백해야 하는 이유는 우리 자신이 나름 근사한 존재이기 때문이 아니다. 오히려 그 정반대다. 우리는 메시아 예수 없이는 영적 거지요. 눈먼 자이며, 메시아 예수의 긍휼 외에는 다른 희망이 존재하지 않는 자들이기 때문이다.

남들이 우리에게 어떤 후한 평가를 내릴지 모르지만, 우리는 정확히 바디매오 만큼 메시아 예수님의 긍휼과 자비가 필요한 자들이다(요 14:6; 행 4:12; 요15:5 참조). 그렇기에 그 누가 뭐라 해도 나사렛 예수를 다윗의 자손으로, 구약이 약속한 그 메시아로 믿고, 고백하고, 선포해야 한다. 다수의 반대와 조롱에 굴하지 않고 바디매오처럼 더욱 끈질기고, 겸손하게 메시아 예수의 은혜와 자비를 구해야 한다. 자신이 메시아의 도움이 절실히 필요한 자임을 깨닫고 어떤 반대에도 굴함 없이 끈기 있게 예수님을 찾았던 여리고의 그 걸인 말이다. 물론 끈질김과 집요함이 부담스러운 경우도 종종 있지만, 바디매오의 경우라면, 끈질김과 집요함이 분명 미덕이다!

누가 진짜 시각장애인인가?

제자들과 열정 넘치는 군중은 바디매오를 꾸짖으면서 꽤나 의기양양해졌을 듯하다. 그들은 아마도 자신들이 옳은 일을 했다고 자부했을 것이다. 자신의(혹은 부모의) 죄 때문에 눈이 먼 주제에 감히 의로운 예수님의 행차를 훼방하는 시끄러운 거지를 잠재우려는 노력에 대해 예수님께 인정받고, 나아가 공개적 칭찬까지 받으리라 기대에 부풀었을 수도 있다. 하지만 예수님은 제자들과 군중들이 무시하고 꾸중했던 바디매오를 위해 직접 멈추셨다. 그를 불러 치유하시며 그의 믿음을 칭찬까지 해 주셨다. 이러한 예수님의 행보는 제자들과 군중들이 바디매오에 대해서뿐 아니라 예수님에 대해서도 완전히 헛다리를 짚고 있었음을 여실히 보여준다. 그들은 분별력을 상실하고, 격려해 주어야 할 동지를 오히려 훼방꾼으로 적대시한 것이다.

반면, 거지 바디매오는 앞을 전혀 볼 수 없는 상황 가운데서도 예수님을 메시아로 고백했다. 또한 자신이 그 메시아의 긍휼함이 절대적으로 필요한 자임을 솔직하고 겸허히 인정했다. 그는 자신이 메시아의 손길이 필요한 자임을 알았고, 긍휼의 메시아가 자신을 고쳐줄 수 있다는 믿음이 확고했다. 그래서 다수의 폭력적 꾸지람에도 불구하고 끈덕지게 예수님의 자비를 요청했다.

예수님의 긍휼을 구하는 바디매오를 향해 두 눈을 부릅뜨고, 핏대를 높이며, 잠잠하라고 꾸짖는 제자들과 군중들을 보면서 바디매오와 이들(제자들과 군중들) 중 과연 누가 진짜 시각장애인인지 생각해 보게 된다. 신체적인 시력으로만 보자면 물론 바디매오가 시각장애인이지만, 하나님 나라의 관점에서는 아이러니하게도 바디매오가 아니라 제자들과 군중들이 시각장애를 앓고 있다(막 8:18 참조).[15]

바디매오의 시력은 이제 곧 치유될 것이고, 그는 곧 제자의 무리에 동참할 것이다(막 10:52). 그러나 시력 치유를 받기 전에도 바디매오는 이미 제자들과 군중들보다 예수님을 더 잘 볼 수 있었다. 다시 묻는다. 바디매오와 이들(제자들과 무리) 중 과연 누가 시각장애인인가? 그리고 지금 당신의 영적 상태는 이 둘 중 어느 쪽에 더 가까운가?

적용/토론을 위한 질문 ✏️

1. 바디매오가 처한 환경이 종교적·사회적으로 매우 어려운 상황이라는 데 동의하십니까? 왜 그렇게 생각하십니까?

2. 바디매오가 주님의 긍휼이 필요한 자였음을 인정하십니까? 그렇다면 당신은 어떻습니까? 당신 역시 바디매오만큼이나 주님의 긍휼이 필요하다고 생각한다면, 그 이유는 무엇입니까?

3. 예수님의 십자가 대속 사건과 바디매오에게 베푸신 긍휼은 서로 어떤 관계가 있습니까?

4. 하나님 나라의 관점에서 참된 '시각장애'란 무엇을 의미합니까?

기도 우리가 주님의 긍휼함 없이 결코 살 수 없는 존재임을 고백합니다. 영적으로 눈이 어두워져 진짜로 보아야 할 것들을 보지 못하고 살아가는 저희를 불쌍히 여겨 주옵소서. 오늘 하루 선명하게 예수님의 메시아 되심을 믿고, 고백하고, 따를 수 있는 은혜를 허락하소서. 순간마다 주님의 긍휼의 손길을 겸허히 구하게 하옵소서. 예수님 이름으로 기도합니다. 아멘.

제2장
거룩한 멈춤

예수께서 머물러 서서 그를 부르라 하시니 그들이 그 시각장애인을 부르며 이르되 안심하고 일어나라 그가 너를 부르신다 하매(막 10:49)

예루살렘으로 나아가는 길, 그러니까 십자가로 향하는 그 의미심장한 길을 가시던 예수님은 바디매오의 절규를 들으시고 행차를 갑자기 중단하신다. 주변에 있던 많은 이들은 예수님의 행진을 훼방하는 바디매오를 심하게 나무랐다.

그런데 제자들과 군중들이 그렇게 바디매오를 호통친 이유 중 하나는 그가 만만해서였을 수도 있다. 예수님의 행차를 방해하는 사람이 산헤드린 회원, 존경받는 랍비, 혹은 서기관이나 그 마을의 영향력 있는 장로였으면 이야기가 달랐을 수 있다(막 5:21-24 참조). 그러나 당시 유대교에서 하나님의 저주와 심판을 받은 것으로 치부되었던 시각장애인인데다가 길 구석에 앉아 구걸로 연명하는 바디매오는 그런 유대교의 엘리트들과는 상극에 해당하는 존재다. 바디매오는 부담 없이 꾸짖을 수 있고, 나무랄 수 있는 그런 만만한 자다. 소위 '보통사람' 보다도 훨씬 열등한 존재다. '막 대해도 문제가 없을' 존재다. 여리고의 노바디(nobdy)다. 노바디 중에서도 최하급 노바디다.

바디매오를 꾸짖는 이들(제자들과 군중들)의 행동(막 10:48)은 어린아이들을 예수님께로 데려오던 부모들을 꾸짖었던 제자들의 이전 행동(막 10:13)과 맥을 같이한다. 예수님은 그런 제자들의 행동에 진노하시고, 그들을 엄하게 훈계하시고, 교정하셨다(막 10:14-15). 그리고는 제자들의 꾸짖음에 노출되었던 어린이들을 껴안으시고 손을 얹어 그들을 친히 축복해 주셨다(막 10:16). 어린이들과 바디매오 사이에 공통점이 한 가지 있다면 둘 다 1세기 유대 사회에서 아무 위상이 없는 하찮은 존재였다는 사실이다.

예수님 곁에 있는 제자들(막 10:48)은 앞서 마가복음 10:14-15에서 주신 주님의 가르침을 아직 받아들이지 않고 있다. 제자들과 군중들은 바디매오처럼 별 볼일 없는 존재로 인해 예수님께서 하시는 하나님 나라의 사역이 방해받거나 지연되어서는 안 된다고 판단했던 것 같다. 그들은 가차 없이 바디매오를 나무랐다. 하지만, 바디매오 같은 이들을 위해 멈추는 것이 실은 주님이 친히 보여주신 하나님 나라의 사역이다! 바디매오를 꾸짖었던 제자들은 하나님 나라의 일을 인간적 관점에서 추구한 결과(막 8:33; 10:35-40 참조)로 하나님 나라 사역에 동참할 귀한 기회를 놓친다.

우리 역시 깨어 주의해야 한다. 우리는 자주 힘의 논리, 영향력의 논리, 돈의 논리, 성공의 논리, 유용성의 논리에 사로잡힌다. 그래서 그런 논리들에 비추어 볼 때, 가치없어 보이는 바디매오 같은 이들을 무시하고 외면한다. 하지만 이런 접근방식은 스스로 종교적 열심을 다해 하나님의 일을 추구하고도 종국에는 하나님 나라에 반하는 결과를 초래하곤 한다. 바디매오를 맹렬히 꾸짖었던 그 열정적인 제자들과 군중들처럼 말이다.

하지만 예수님만은 바디매오를 다르게 보신다. 꾸짖어야 할 대상이 아니라 관심을 가져야 할 대상으로 보신다. 무시해야 할 대상이 아니라 경청해야 할 대상으로 보신다. 예수님은 바디매오를 불러 친히 만나 주시고 그의 시력을 회복시켜 주신다(막 10:49, 52). 그렇다! 다수가 항상 옳은 것은 아니다!

예수님의 하나님 나라 사역의 중요한 한 측면은 관심받지 못하고, 천대받는 이들에게 사랑과 긍휼을 베푸시는 것이었다(막 9:37; 눅 19:1-10 [갈 2:10 참조]). 예수님은 아무리 중요하고 바쁜 일을 앞두셨더라도, 그런 이들을 위해 멈추시기를 주저치 않으셨다. 바디매오 본문이 이를 생생히 보여준다. 누가복음에는 바디매오 이야기(눅 18:35-43) 바로 다음에 삭개오 이야기(눅 19:1-10)가 나오는데, 예수님은 거기서도 다시

한번 다른 사람들이 거들떠보지도 않는 혐오스러운 한 세리을 위해 멈추신다. 이번에는 비난을 무릅쓰고 아예 그의 집에 유하러 들어가신다(눅 19:5, 7).

바디매오를 위해 멈추신 예수님은 제자들을 보내 그를 부르신다. 마가복음 10:49에는 '부르다' 트리오(trio)가 등장하는데, 놀랍게도 이 짧은 한 절 안에서 '부르다'라는 뜻의 헬라어 동사(φωνέω)가 세 번씩이나 사용된다. 저자 마가는 이 동사의 강조적 반복을 통해 예수님이 바디매오에게 참된 인격적 관심을 보이셨음을 시사한다. 동시에 주님께서 상황에 의한 우연 내지는 압박이 아닌 자신의 거룩한 목적과 의도에 따라 바디매오를 부르셨음을 암시한다.

> "예수께서 머물러 서서 그를 부르라 하시니 그들이 그 시각장애인을 부르며 이르되 안심하고 일어나라 그가 너를 부르신다 하매"(막 10:49).

당신 자신의 존재를 목적지가 아닌 길가에 위치한 하찮은 것이라 여기고 있는가? 자신이 길목 가운데서도 소외되고 버림받은 자처럼 생각되는가? 그렇다면 종착지 예루살렘이 아닌 길목 여리고에, 그것도 그 길가에 위치한 한 '하찮은' 영혼 바디매오에게 주께서 행하신 일에 대한 이 이야기(막 10:46-52)는 바로 당신을 위한 이야기다. 길가에 앉아 구걸하는 시각장애인, 가장 소외된 그 한 영혼에 예수님이 행하신 일에 관한 마가의 보도는 바로 필자를 위한 이야기요, 독자 모두를 위한 이야기다.

그 누구도 관심 두지 않는 길가의 시각장애인에게 예수님만은 관심을 보이신다. 십자가의 대속이라는 인류 역사상 가장 중요한 사역을 위해 예루살렘으로 출발하려는 그 찰나(막 10:46)에 아무도 주의를 기울이지 않는 그 영혼을 위해 멈추시고 그에게 최대한의 사랑과 관심을 베풀며 도움을 주는 것이 바로 예수님이 보여주신 삶이었다(막 10:13-14; 눅 19:1-10 참조).[17] 주님께서는 바디매오의 외침과 절규를 들으시면서

> '이 시각장애인의 신세가 참 딱하지만, 이제 십자가에서 이룰 가장 중요한 사역을 앞두고 있으니 어쩌겠는가? 가려던 길을 가야지. 딱한 신세에 처한 이가 어디 바디매오 한 영혼뿐인가?'

라고 하지 않으셨다. 주님은 행차를 전면적으로 멈추시고 시각장애인 바디매오를 친히 불러 친히 고쳐 주신다(막 10:49-52).

사실 지금 바디매오를 위해 멈추시는 은혜롭고 자비가 충만한 예수님은 바로 며칠 후 그를 대신해 십자가에 죽으실 주님이시다(막 14:24; 15장). 여리고 도상의 한 영혼을 위해 멈추시는 주님이 바로 온 세

상 죄를 지시고 로마의 잔인무도한 처형틀에서 구원의 역사를 이루신 그리스도시다(요 1:29 참조).[18]

우리는 여기서 서로 다른 두 분이 아닌 한 분 주 예수 그리스도에 대해 말하고 있다(엡 4:5 참조). 소외된 영혼에게 사랑을 베푸시는 예수님과 세상 죄를 위해 십자가에서 대속의 역사를 이루신 예수님은 두 분이 아닌 한 분이다. 그렇기에 예수 그리스도 안에서는 대속의 복음과 구제, 섬김의 사역이 온전히 하나가 된다(막 10:45; 갈 2:7-9, 10 참조).

병들고 장애를 가진 인간의 생명보다 건강한 동물의 생명이 더 가치 있다는 프린스턴대학의 철학자 피터 싱어(Peter Singer)의 이야기를 접하면서 그리스도인들은 경악을 금치 못한다.[19] "어찌 그따위로 말할 수 있는가? 장애를 가진 자녀에 대해 생각해 보았나? 병드신 노부모에 대해서는 한 번 생각해 보았는가? 사람이라면 어찌 그따위 이야기를 입에 담을 수 있는가?"라며 분노한다. 그것은 의롭고 정당한 분노다!

그러나 그렇게 경악하는 대부분의 교인도 실제 삶에선 다른 이들을 주로 유용성과 효용성의 잣대로 판단하며 살아간다. 나에게 도움이 되고 이익을 가져다주는 사람과의 관계는 절대적으로 중시하지만, 나에게 도움이 안 되는 사람과의 관계는 무시하며 지낸다. 나와 내 장래를 '돌봐줄' 사람과의 관계는 의욕적으로 발전시키지만, 내가 관심을 주고 돌봐줘야 할 사람과의 관계는 경시하거나 연기하며 살아간다.

거기에 더러 신경을 쓴다고 해도 최소한 이상은 하지 않은 경우가 많다. 현대인들이 종종 네트워킹의 중요성을 강조하지만, 사실 그 가운데 다른 사람을 섬기려고 네트워킹에 열을 내는 사람은 거의 없다(이를 막 10:45과 대조해 보라!). 네트워킹의 결과로 무언가 자신이 얻어낼 결과에 주목하는 경우가 대부분이다.

스스로를 예수의 제자로 칭하는 우리들 역시 많은 경우 그렇게 유용성과 효용성을 숭배하면서 살아간다. 하지만 그렇게 살아가면서 막상 우리 자신에게는 피터 싱어에게 분노하듯 그렇게 분노하지 않는다. 그리고 그렇게 분노를 쉽사리 면제함으로써 비록 말로는 '우린 예수의 헌신된 제자야'라고 외치지만, 속은 예수님보다 피터 싱어를 더 가까이 따르고 있음을 입증한다.

기억하자. 예수님의 방식은 세상의 방식과 전혀 다르다(막 10:35-45). 예수님은 피터 싱어와 다르시다. 그리고 예수님은 우리와도 다르시다! 예수님은 유용성, 효용성의 잣대로 사람을 판단하지 않으신다. 유용성, 효용성이라는 잣대로 보자면 당시 여리고 전체에서 단연 최하위였을 바디매오를 위해 주님은 예루살렘으로 올라가시는 그 대규모의 행진을 전면 중단하신다. 그리고는 바디매오를 친히 부르신다.[20] 그를 만나주신다. 그를 고쳐주신다. 한 영혼을 위해 대행렬까지 전면 중단하신 예수님이 바로 우리 구주시다(눅 15:3-7 참조).

우리는 그리스도가 아니다. 하나님의 아들, 나사렛 예수가 그리스도시다! 우리는 구세주가 아니다. 예수님이 구세주시다. 우리 자신은 그리스도도, 구세주도 아니다. 그렇기에 우리가 다른 사람의 죄를 대신해 고난을 받거나 그 죄를 용서받게 해 줄 수 없다. 우리가 가장 잔혹한 고문을 감내하며 순교하더라도 그 일을 이룰 수 없다.(대속은 오직 하나님의 아들만 하실 수 있는 일이고, 그는 이미 그 일을 십자가에서 다 이루셨다![요 19:30])

하지만 우리가 할 수 있는 게 한 가지 있다. 바로 '중요한' 일, '바쁜' 일을 앞두고도 지금 우리의 관심과 도움이 필요한 '바디매오'를 위해, 절망 가운데 부르짖는 한 영혼을 위해 멈춰 서는 것이다. 너무 바쁘다거나 중요한 일이 있다고 핑계를 대며 그들의 외침을 외면하는 일을 이제 멈춰야 한다. 우리에게 설사 매우 바쁘고 중요한 일이 있어도 십자가 대속의 사역을 앞둔 주님에 견줄 수 있겠는가?

나아가 우리 주변의 '바디매오'들이 스스로 목소리를 낼 수 없을 때 그들의 목소리가 돼 줘야 한다. 그들이 두려워할 때 위로하고 격려해 줘야 한다. 그들이 스스로 일어설 수 없을 때 일으켜 세워줘야 한다. 그들이 걸을 수조차 없을 때 부축하고 같이 길을 걸어가 줘야 한다. 그렇게 우리가 주님의 손과 발이 되어 주는 것이 필요하다.

예수님은 소외당하고 천대받는 보잘것없는 이들을 사랑하시고 효용성 제로(zero)를 넘어 아예 마이너스(minus)인 이들에게 참된 관심을 보이셨다. 유용성의 잣대로는 바닥을 치는 정도가 아니라 아예 바닥을 뚫고 지하 10층으로 내려갈 바디매오 같은 이들에게 주님은 진정한 관심을 기울이셨다. 그리고 그들에 참된 사랑과 긍휼을 보이셨다.

우리는 예수님의 제자로서 주님께서 지상에 더 계셨으면 하셨을 바로 그 일을 해야 한다(그것이 바로 부활, 승천하신 그리스도께서 지금 일하시는 방식이다). 그 가운데 바디매오라는 한 영혼을 위해 멈추신 그리스도를 매일 조금씩 더 닮아가야 한다(빌 2:5 참조). 그렇게 순간순간 주님의 거룩한 멈춤을 모방하고 재연해야 한다.[21] 예수님은 바디매오를 위해 걸음을 멈추시는 메시아다. 당신도 메시아 예수와 함께 '바디매오'를 위해 멈추겠는가?

적용/토론을 위한 질문 ✏️

1. 바디매오를 향한 예수님의 인격적 관심의 이유는 무엇이었을까요?

2. 그리스도인들 가운데서도 여전히 유용성과 효용성으로 사람을 판단하는 예를 들어봅시다(다른 사람의 예보다 가급적 자신의 예를 솔직히 나누면 더 좋겠습니다).

3. 유용성과 효용성의 절대기준으로 타인을 판단하는 세상 가운데서 소외당하는 이들을 향한 관심은 어떤 복음적 의미를 갖고 있습니까?

기도 하나님 아버지, 예수님께서 소외된자 바디매오에게 보이셨던 관심을 우리가 조금이라도 나누어 가질 수 있는 은혜를 주옵소서. 하나님 나라의 가치관이 우리 가운데 선명해지게 하시고, 그로 인해 사랑과 섬김의 마음으로 이웃을 대할 수 있게 도우소서. 바디매오를 위해 멈추시고 우리를 위해 십자가에서 대신 죽으신 주 예수님 이름으로 기도합니다. 아멘.

제3장
'지루한' 헬라어 문법과
흥미진진한 마가의 예수 중심 이야기

> 그들이 여리고에 이르렀더니 예수께서 제자들과 허다한 무리와 함께 여리고에서 나가실 때에 디매오의 아들인 시각장애인 거지 바디매오가 길 가에 앉았다가… 맹인이 겉옷을 내버리고 뛰어 일어나 예수께 나아오거늘 … 예수께서 이르시되 가라 네 믿음이 너를 구원하였느니라 하시니 그가 곧 보게 되어 예수를 길에서 따르니라(막 10:46, 50, 52)

인자(Son of Man)가 오신 목적에 대한 마가복음 10:45의 장엄한 선언 바로 뒤에, 바디매오 본문(막 10:46-52)이 등장한다. 마가복음 10:46은 '그들'이 여리고에 이르렀다는 설명으로 시작한다. 여기서 '그들'은 예수님과 제자들 그리고 예루살렘으로 향하는 예수님을 따르는 무리를 통칭한다. 바로 이어지는 부분("예수께서 제자들과 허다한 무리와 함께 여리고에서 나가실 때에")은 예수님과 그를 따르는 이들이 여리고를 떠나 예루살렘으로 향하려는 그 찰나에 관해 보도한다. 예수님이 여리고에 들어오셔서 나가실 때까지 어떤 일을 하셨는지에 대해 마가는 침묵한다. 그렇게 함으로써 이어지는 부분에서 주님이 바디매오에게 행하신 일을 강조하기 위함이리라.

한편, 우리는 성경이 우리 자신이 알고 싶은 모든 것에 대해 기록한 책이 아니라 우리가 꼭 알아야 할 것들을 기록한 책임을 이해해야 한다(요 21:25). 그런 이해를 갖고 이하에서는 마가복음 10:46이 침묵하고 있는 부분이 아니라 실제로 말하고 있는 부분에 집중하겠다.

TV 드라마가 성공하려면 주인공을 효과적으로 부각시켜야 한다. 혹시라도 조연이 너무 연기를 잘하거나 다른 이유로 시청자의 주목을 너무 많이 받게 되면 주연의 존재감이 약해진다. 조연은 뜰지 모르지만 드라마는 실패하게 된다. 그래서 연출가는 조연의 인기가 지나치게 부상할 때 종종 극 중에서 그를 유학 보내든지, 이민을 보내든지, 아니면 아예 '보내버리든지' 하는 방식으로 '조기 퇴출' 시켜서 주인공에 대한 관심이 흐트러지지 않도록 애를 쓴다.

물론 TV 드라마와는 전혀 다른 방식이지만 우리의 저자 마가 역시 그의 복음서에서 주인공을 집중적으로 부각시킨다. 바디매오 본문에서는 그 시작 부분에 등장하는 "그들이 여리고에 이르렀더니"(막 10:46)라는 부분에 특별히 주목할 필요가 있다.

여기서 '이르렀더니'(ἔρχονται)는 헬라어로 3인칭 복수형 동사다. 하지만 바로 이어지는 "예수께서 제자들과 허다한 무리와 함께 여리고에서 나가실 때에" 부분에서 사용된 '나가신다'(ἐκπορευομένου[막 10:46])라는 분사(participle)는 3인칭 단수형이다. 주목할 사실은 여리고를 막 떠나려고 하는 주체가 예수님뿐이 아니라 제자들과 허다한 무리를 포함한 수많은 사람들이란 점이다. 이는 영문법의 기준에서 보자면, 참으로 생소하고도 어색한 현상이다. "They(예수님 + 제자들 + 무리들) was leaving Jericho"라고 말하는 격이다. 하지만 헬라어에서는 이런 경우가 종종 발견된다. 헬라어에서 복합주어에 단수 동사/분사를 사용하는 것은 복합주어 중에서 제일 처음 언급된 대상에 집중한다는 뜻이다. 여기서 언급된 구문에서는 그 대상이 바로 예수님이다!

마가복음 10:46에 나오는 복합주어(예수님 + 제자들 + 허다한 무리)에서 예수님이 제일 먼저 언급됐다. 그리고 마가는 이 복합주어와 관련해서 (복수형 분사가 아닌) 단수형 분사를 사용했다. 문법적으로 말해서, 마가는 제자들 + 허다한 무리는 안중에 두고 있지 않았다. 이 장면에서 저자 마가는 헬라어에서 발견되는 독특한 문법적 용례에 따라 자신의 주인공인 예수님을 적극 부각시키고 있다. 마가의 바디매오의 이야기는 예수님 중심적이다!

마가복음 10:46에 관해 한 가지 더 살펴볼 것이 있다. 위에서 언급된 구문과 관련해서, 복합주어가 예수님 + 제자들 + 무리들이라고 이미 설명했다. 그런데 헬라어 성경을 보면 '예수'라는 고유명사 대신에 '그'(αὐτός)라는 대명사가 쓰인다. '제자들'과 '허다한 무리'는 헬라어 원문상에도 '제자들'과 '허다한 무리'라고 각각 명시되어 있다. 하지만 예수님에 관해서는 단지 '그'라고만 언급한다.

사실 마가를 비롯한 신약성경 복음서 저자들이 특별한 설명이나 맥락 없이 대명사 '그'를 사용할 때 예수님을 지칭하는 경우가 대부분이다. 그러한 현상은 마가복음(그리고 신약 사복음서 모두)의 주인공이 바로 예수님이심을 잘 보여 준다. 마가복음은 예수님 중심의 내러티브다.

바디매오 본문에서 딱 한 가지만 더 살펴보겠다. 바디매오 본문의 중반부를 보면 "시각장애인이 겉옷을 내버리고 뛰어 일어나 예수께 나아오거늘"(막 10:50)이란 구문이 등장하는데, 한글 번역만 봐서는 눈에 확 잘 띄지 않지만, 헬라어 표현을 잘 살펴보면, '내버리고'와 '뛰어 일어나'는 분사(participle)이고, '나아오거늘'만 정식 동사(regular verb)다.[22] 이 헬라어 구문을 영어로 그대로 직역하면 다음과 같다. "Throwing[분사] his cloak aside, jumping[분사] to his feet, Bartimaeus came[정동사] to Jesus." 여기에서 사용된 두 개의 분사(throwing 그리고 jumping)은 정식 동사가 묘사하는 행동(came to Jesus)을 강조해 주는 역할을 한다.

마가는 시각장애인 바디매오가 겉옷을 내던지는 인상적 장면이나 감격에 차 뛰어 일어나는 벅찬 모습이 아니라, 그가 예수님 앞으로 나아오는 그 찰나를 묘사하는 데 정식 동사를 사용하고 있다. '겉옷을 내어버리는 것' 그리고 '뛰어 일어나는 것' 모두 의미있는 행동이다. 하지만 여기서 바디매오가 취한 궁극적인 행동은 겉옷을 과감히 내어버리거나 힘차게 뛰어 일어나는 것이 아니고 예수님께로 나아오는 것이었다.

물론 겉옷을 뒤로하는 모습과 뛰어 일어나는 장면은 예수님께 나아오는 거지 바디매오의 행동이 매우 진지하고 엄중한 것이었음을 보여 준다(필자는 제8장에서 바디매오의 '겉옷 내팽개치기'가 시사하는 바에 대해 집중적으로 다룰 것이다). 하지만 저자 마가의 묘사에 따르면, 여기서 바디매오가 취한 행동 중 궁극적으로 중요한 것은 겉옷 내던지기나 뛰어 일어나기가 아니라 예수님 바로 그분께 나아오는 것이다.

만일 바디매오가 겉옷을 내팽개치고 뛰어 일어나 다른 곳으로 갔다면 겉옷을 던져버린 그의 인상적 행동은 별다른 의미가 없게 된다. 겉옷을 내던진 행동이 의미를 갖는 이유(제8장을 보라)는 바디매오가 겉옷을 뒤로한 뒤 예수님께 나아왔기 때문이다. 위와 같은 문법적 설명은 마가가 들려주는 바디매오 이야기의 중심이 바로 예수님이심을 다시금 확인해 준다.

비슷한 예를 더 언급할 수도 있겠다.[23] 하지만 위의 세 가지 예만 살펴 보더라도 마가의 바디매오 이야기(막 10:46-52)가 철저히 예수님 중심적이란 사실을 쉽게 알 수 있다. 그리고 위의 설명을 통해 헬라어문법이 그저 딱딱하고 지루한 실체가 아니라 마가의 흥미진진한 예수님 중심 이야기를 제대로 음미하게 해 주는 소중한 도구임을 깨닫는다(여기서 이번 챕터의 제목을 다시 한 번 보라).

사실 마가복음은 처음부터 끝까지 다른 누군가도 아닌, 바로 예수님 이야기다. 마가는 "하나님의 아들 예수 그리스도의 복음의 시작이라"라는 선언으로 그의 복음서를 시작하며(막 1:1), 예수님의 부활 소식으로 그의 복음서를 마무리한다(막 16장). 자신의 복음서가 예수님 중심의 이야기임을 시작부분(막 1:1)부터 분명하게 밝혔던 마가는 그의 내러티브가 한참 무르익어 클라이맥스(즉, 예수 그리스도의 십자가 죽으심과 부활)를 향해 달리고 있는 마가복음 10:46-52에 이르러서도 예수님 중심성을 결코 잃지 않았다!

마가는 예수님 중심으로 시작한 그의 이야기를 -간증이나 대화 중 우리가 종종 경험하듯- 자신 중심의 이야기로 왜곡하지 않았다. 또 마가복음의 토대가 되는 증언들을 제공해 준 것으로 알려진 초대교회의 '기둥' 베드로 중심 이야기로 왜곡하지도 않았다(갈 2:9 참조). 사실 신약의 네 복음서 중에서 베드로의 실패를 가장 적나라하게 노출하는 복음서가 바로 마가복음이다!

다시 말하지만, 마가복음은 철저하게 예수님 중심의 이야기다. 우리가 바디매오 본문을 연구하며 이해하고자 할 때, 이 본문이 예수님 중심이라는 사실을 선명하게 기억해야 한다. 바디매오의 외침, 믿음, 치유 등을 보도하는 이 인상적인 기사는 바디매오가 아닌 예수님을 드러내기 위한 기사다. 혹시라도 바디매오에게 집중하다가 마가복음의 중심인 예수님을 놓쳐 버린다면, 결국은 성경해석에 실패하는 것이다.

이제 우리 자신에게로 좀 눈을 돌려보자. 주변 사람들에게 들려주는 우리들 이야기의 중심은 과연 무엇인가? 혹시 우리 자신이 그 중심은 아닌가? 우리의 이야기가 기-승-전-자기자랑은 아닌가? 혹시 두렵건대 우리의 이야기가 돈 중심은 아닌가? 우리의 내러티브는 과연 마가의 복음처럼 흔들림 없는 예수님 중심성을 견지하는가? 혹시 우리가 주 예수 그리스도의 복음에 대한 이야기로 시작했다가 '내가복음' '내 아들/딸 복음' '내가 아는 그 잘 나가는 사람의 복음' '내가 왕년에 잘 나가던 그 시절의 복음' 또는 아예 드러내 놓고 '맘몬의 복음'으로 마치는 것은 아닌가?

마가의 이야기가 그렇듯 우리들의 이야기 역시 그 시작부터 끝까지 오직 알파요 오메가 되신(계 22:13) 예수 그리스도 중심의 이야기가 되기를 간절히 바라고 기도한다.

적용/토론을 위한 질문 ✏️

1. 마가의 이야기는 예수님 중심적이며, 예수님을 부각하는 특징을 갖고 있습니다. 마가가 왜 예수님 중심으로 그의 이야기를 썼는지 생각해봅시다.

---

2. 현재 당신의 이야기에서 가장 부각되는 요소(들)는 어떤 것입니까?

---

3. 오늘 우리들의 이야기 가운데 예수님 중심성을 잃게 만드는 주요 요인(들)은 무엇입니까?

---

4. 우리의 이야기에서 예수님이 중심이 되시도록 하려면 특별히 어떤 것들을 염두에 두어야 할까요?

기도 하나님, 예수님이 아닌 것들에 골똘하는 우리 모습을 불쌍히 여겨 주옵소서. 아둔하고 어리석은 생각에 빠져 세상의 것들로 우리의 삶 이야기를 채워가지 말게 하소서. 예수님만 바라보고 살아갈 수 있는 믿음을 주옵소서. 예수님이 우리의 삶과 이야기의 중심이 되게 하소서. 주 예수님 이름으로 기도합니다. 아멘.

제4장
"네게 무엇을 하여 주기를 원하느냐?"

예수께서 말씀하여 이르시되 네게 무엇을 하여 주기를 원하느냐 시각 장애인이 이르되 선생님이여 보기를 원하나이다 (막 10:51)

    예수님의 부르심을 받은 바디매오가 감격에 차서 길 위로 나아갔을 때, 주님께서는 "네게 무엇을 하여 주기를 원하느냐?"(막 10:51)고 물으신다. 그런데 예수님이 질문이 좀 이상하다. 마치 예수님이 이 질문으로 바디매오의 열정에 찬물을 끼얹으시는 것처럼 느껴진다. 예수님의 질문이 너무나 뻔하게 들린다. 미국 사람들이 "How are you?"라고 물을 때, 그 답은 "Fine" 혹은 "Doing well" 등으로 99% 정해져 있다. 실제로 엄청나게 잘못 지내고 있고 말할 수 없이 힘든 일이 있을 수 있지만 대개 습관적으로 "Fine" 혹은 "Doing well"이라 말한다.

    무엇을 해 주기를 원하는지 바디매오에게 물으시는 예수님의 그 질문 역시 "How are you?" 처럼 이미 답이 99% 나와 있는 뻔한 질문 아닌가? 그저 형식적인 확인 절차 정도일 뿐이지 않은가? 시각장애인에게 시력을 갖게 해 달라는 것보다 더 중요하고 절실한 요청이 어디 있겠는가? 근데 예수님은 왜 굳이 바디매오에게 그것에 대해 물어보시는가? 주님은 사람들의 속마음까지 다 헤아리시는 분(막 2:8) 아니신가? 그렇다면 왜 그런 주님께서 바디매오에게 무엇을 원하는지를 굳이 물어보시는 것일까?

이 질문들에 제대로 답하기 위해서 바로 이전 구절(막 10:35-45)에서 예수님이 야고보와 요한에게 똑같은 질문을 하셨음에 주목할 필요가 있다. 주님의 세 번째 수난 예언(막 10:32-34) 직후에 소위 '수제자' 그룹에 속하는 야고보와 요한 형제는 "선생님이여 무엇이든지 우리의 구하는 바를 우리에게 하여 주시기를 원하옵나이다"(막 10:35)라고 예수님께 뻔뻔한 요청을 한다.[24] 이들의 뻔뻔한 요청에 대해 예수님께서 주신 답변이 바로 "너희에게 무엇을 하여 주기를 원하느냐?"(막 10:36)라는 질문이었다.[25]

세베대의 아들들은 뻔뻔함을 일관되게 유지하면서 –일관성이 늘 좋은 것은 아니다- "주님이 영광이 얻으실 때가 되면 우리 중 하나는 주님 우편에, 그리고 다른 하나는 주님 좌편에 좌정케 해 주소서"(막 10:37)라고 요청한다. 예루살렘 입성에 앞서 자신들의 정치-종교적 입지를 확실히 보장해달라는 것이 둘의 주님께 대한 요청 내용이다. 예수님께서는 거듭 자신의 임박한 죽음에 대해 말씀하셨다(막 8:31; 9:31; 10:33-34). 그러나 세배대의 아들들은 자신들의 성공과 높아짐에 혈안이 되어 있었다. 따라서 고난과 죽음에 대한 주의 말씀이 그들의 귀에 전혀 들어오지 않았다.

그 얼마 후 주께서 바디매오를 불러 무엇을 해 주기 원하는지 물으셨을 때, 그는 "선생님[26]이여, 보기를 원하나이다"(막 10:51) 라고 자신의 필요에 충실한 답변을 한다. 바디매오는 적어도 요한과 야고보 형제처럼 허튼 요청, 허파에 바람 들어간 요청을 하지 않았다. 시각장애인인 이 걸인은 자신의 참된 필요를 주께 정확히 아뢰었다.[27]

시각장애인 바디매오에게는 시력의 회복이 절실히 필요했다. 야고보와 요한을 포함한 제자들 역시 시력의 회복이 절실히 필요한 상황인데 그들의 경우는 영적 시력의 회복이 필요했다.

우리는 여기서 저자 마가가 그의 복음서에서 시력(sight)을 영적 깨달음 내지는 참된 믿음과 연결짓고 있음에 주목해야 한다. 바디매오 본문에서 시력이 회복된 바디매오가 십자가를 향해 나아가시는 예수님을 길에서 좇는 모습(막 10:52)은 바디매오의 시력 치유가 신체적 측면 그 이상의 의의를 내포하고 있음을 암시한다. 더욱 분명한 내용은 마가복음 8:17-18에 나오는데, 이미 오랜 시간에 걸쳐 많은 가르침을 받고도 여전히 영적으로 둔감하기만 한 제자들을 훈계하시면서 예수님은 다음과 같이 '시력'과 영적 깨달음을 서로 연결시키신다.

> 아직도 알지 못하며 깨닫지 못하느냐 너희 마음이 둔하냐 너
> 희가 눈이 있어도 보지 못하며 귀가 있어도 듣지 못하느냐……
> 아직도 깨닫지 못하느냐(막 8:17-18, 21)

열두 제자 중 그 누구도 시력에 이상이나 장애가 있었다는 보도는 신약성경 내에 존재하지 않는다. 그러니까 여기서 예수님이 지적하신 제자들의 '보지 못함'은 신체적 시력장애에 대한 언급이 아니다. 이는 영적 시력장애, 즉 영적 깨달음의 부재와 영적으로 둔감한 마음의 상태에 관한 지적이다.

이와 더불어, 제자들이 예수님을 따라 예루살렘으로 향하는 여정 부분(막 8:27-10:45)을 마가복음에 딱 두 차례만 등장하는 시력 치유 기적들(막 8:22-26 및 10:46-52[28])이 둘러싸고 있는 것 역시 심상치 않다. 그러고보니 바로 위에서 인용한 마가복음 8:18("너희가 눈이 있어도 보지 못하며 귀가 있어도 듣지 못하느냐?")이 마가복음의 첫번째 시력치유사건(막 8:22-26) 바로 앞에 등장한다. 그 역시 심상치 않다.

저자 마가는 예수님의 베푸신 시력치유 기적들(막 8:22-26; 10:46-52)의 역사성을 철저히 인정하지만, 동시에 그 역사적 사건들이 지닌 신학적 의미에 주목한다. 마가에게 있어 시력의 치유란 메시아 예수의 대속적 죽음을 이해하고 받아들이며(막 10:45; 14:24; 15장 전체), 십자가 지셨던 그 예수님을 따라가는 것(막 8:34; 10:52)이다.

저자 마가에 의하면, 예수님을 메시아로 고백하는 그 자체로는 불충분하다. 베드로의 잘 알려진 실패 사례에서 선명하게 볼 수 있듯, 제자들이 예수님을 메시아로 칭하면서도 승리주의에 도취되어 정작 십자가의 길은 배척할 수 있기 때문이다(막 8:31-35). 비록 예수님의 메시아 되심을 형식적으로는 받아들였지만(막 8:27-30) 실제로 예수님이 어떤 메시아인지에 대해 제대로 깨닫지 못했던 베드로(막 8:31-33)의 모습은 마치 시력의 일부만 치유되어 "나무 같은 것들의 걸어가는 것"만 희미하게 볼 수 있던 벳세다 시각장애인의 상태와 흡사하다(막 8:24). 제자들은 아주 흐릿하게만 볼 수 있었다. 그저 대강만 보였다. 그들의 영적 시력은 아직 치유가 필요하다.

벳세다의 시각장애인의 치유과정에 견주어 볼 때 베드로(그리고 그가 대표하는 제자들)는 1단계 치유과정을 거쳤다. 그래서 예수님이 메시아라는 사실을 깨닫게 되었다. 하지만 아직 2단계의 궁극적 치유과정에 이르지는 못했다. 제자들은 예수님이 십자가를 지시는 고난의 메시아이심을 깨닫지 못했다.[29] 예수님을 따른다는 것은 바로 십자가로 향하는 그 길에서 그분을 좇는 것임을 깨닫지 못했다. 아직 시력이 절반밖에 치유되지 않은 상태에서 베드로는 자신이 예수님보다 더 선명하게 볼 수 있다는 주제넘은 생각을 갖고, 도리어 예수님을 꾸짖으며 대든다(막 8:32). 그러나 사실 제대로 보지 못해 꾸짖음을 받아야 할 대상은 예수님이 아니라 바로 베드로 자신이다(막 8:33).

마가복음 내에서 '시력'이 상징하는 바에 관해 이야기할 것이 더 있 겠지만, 일단 위에서 언급한 내용만으로도 저자 마가가 시력치유 기적 의 역사성을 인정하는 동시에 '시력'을 영적 깨달음에 대한 은유로 사 용하고 있음은 얼마간 분명해졌을 것이다.[30]

위에서 "네게 무엇을 하여 주기를 원하느냐?"는 예수님의 질문에 세배대의 아들들과 바디매오가 전혀 다른 방식으로 답했음에 주목 했다. 가장 절실히 필요한 것은 도외시한 채 허황된 것 혹은 부수적인 것에 정신이 팔려 지내는 많은 이들을 보면서 -그리고 때때로 그들과 조금도 다르지 않은 필자 자신을 보면서- "보기를 원하나이다"라는 바디매오의 답변이 너무나 당연하지만 동시에 매우 중요하고, 의미심 장하다는 생각을 지울 수 없다.

시력을 잃은 자나 시력이 심하게 훼손된 자에게 가장 절실한 것은 시력의 회복이다. 이게 꼭 남의 이야기로만 들리는가? 솔직히 필자에 겐 그렇지 않다.

요즘 필자가 가장 많이 마음을 쓴 일들은 무엇이었는지 생각해 봤 다. 책 저술 관련 데드라인을 맞추는 일, 재정과 관련된 일, 가족의 건 강 문제, 바쁜 일정을 조정하는 일, 향후 개인 및 가정의 계획 등에 신 경을 특히 많이 쓴 것 같다. 그러나 그런 가운데 가장 절실한 필요, 즉 나 자신의 영적 시력에 대해선 신경을 안 쓰고 지낸 날도 많다. 그리고 아주 최소한의 신경만 쓰고 다른 일에 매여 지낸 날은 솔직히 그보다 훨씬 더 많다. 그 가운데 예수 그리스도의 십자가에 집중하지 못하고 지낸 날 역시 너무 많다. 내가 걸어가야 할 일이 바로 십자가 길임을 망각하고 지낸 날도 많다. 모든 것 다해 하나님을 사랑하는 일과 이웃을 나 자신과 같이 사랑하는 일보다 당면한 일들을 처리하는 데 급급하게 보낸 날들이 훨씬 더 많다.

물론 그리스도의 십자가에 대해서, 그리고 하나님을 어떻게 사랑하고 이웃을 어떻게 바라보아야 할지에 대해서 난 분명한 신학적 답을 갖고 있다. 그에 대해 가르치는 것이 내 직업이다. 하지만 신학적인 답을 갖고 있다는 사실과 하루하루의 삶 가운데 투명한 영적 시력으로 주님의 십자가를 바라보고, 자기 십자가를 지며, 주님 따라 걸어가는 것이 서로 동일한 것은 아니다.

뚜렷이 보지 못하면서도 얼마든 신학적 답을 그럴싸하게 나열하고 다른 사람의 말을 매끈하게 인용할 수 있다. 성경 구절까지도 한참 동안 줄줄이 인용할 수 있고 다른 사람들에게 그럴듯한 '성경적' 조언을 해 줄 수도 있다. 하지만 그런 가운데 나 자신의 영적 시력은 심하게 손상되어가고 있을 수도 있다.

투명한 영적 시력을 가지려면 살아있고 운동력 있는 말씀을 통해 우리 영적 시력을 만지시고, 회복시키는 주님의 손길을 지속적으로 경험해야만 한다. 우리의 눈에 낀 세상 먼지를 씻어주시고 우리의 시력에 장애를 주는 세상의 굴레를 말씀의 전지가위로 싹뚝 잘라주시도록 주께 부르짖어야 한다.

당신은 주님을 향해 "주님, 제가 보기를 원합니다, 제가 세상의 관점이 아니라 주님의 관점에서 모든 것을 보고 이해하기를 원합니다. 주님, 제게 그리스도의 십자가가 크게 보이기 원합니다"라고 요청하는가?[31] 아니면 "주님, 저 이 세상 사는 동안 잘 나가게 해 주세요. 하다못해 기독교인들 사이에서라도 잘나가게 해 주세요."라고 요청하는가?[32] 혹시 말로는 번영신학(prosperity gospel)을 단죄하면서도 실은 그 아류 안에서 적당히 편안함을 느끼면서 살아가고 있는 것은 아닌가?

이 시간 주님께 바디매오처럼 "보기를 원하나이다"라고 고백하라. 더 이상 헛된 것을 구하지 말라. 가장 절실한 필요를 위해 기도하라. 자신이 원하는 일시적 필요가 아닌, 영원의 관점에서 의미 있는 진정한 필요를 위해 구하라(마 6:33 참조). 당신의 영혼을 위해 기도하라. 당신의 시력 치유를 위해 기도하라. 영적 시력이 손상된 것을 가슴 아파하고, 영적 시력이 흐릿해져 믿음과 삶의 기준이 타협된 것을 회개하며, 영적인 개안수술을 해 달라고 주께 기도하라. 영적인 백내장 수술을 해 달라고 주님께 부르짖으라. 회개하며 주님께 자복하고 통회하면서 아뢰라. 주님을 의지하지 않고 돈과 권력과 명예를 추구하고 이 땅의 헛된 영광을 추구했음을 회개하라. "나는 빛 되신 주를 좇는 자다!"라고 종교적 미사여구를 남용하면서 호언장담했을지언정 실은 어둠의 내리막길로 걸었던 것을 회개하라. 차마 이런 기도조차 나오지 않는다면, "주님, 제 영혼을 살려주시옵소서"라고 기도하라. "어둠에 익숙해져 거기에 만족하고 있는 나를 불쌍히 여기사 빛을 보기 원하는 강한 열망을 주소서"라고 간절히 외치라.

조금만 더 생각해 보자. 바디매오 본문 마지막 부분에서 시력을 치유 받고 두 눈으로 선명하게 보게 된 바디매오가 무엇을 했는지 기억하라. 그는 십자가로 향하시는 예수님을 그 길에서 좇았다(막 10:52). 그 십자가 길은 고난과 희생과 섬김의 길이며 예수의 제자 된 대가를 지불하는 길이다(막 8:34; 10:45).

그렇기에 "보기를 원하나이다"라고 주께 부르짖을 때, 세상의 돈, 명예, 권력을 위한 기도를 더 이상 섞지 말자. 그리스도를 좇는 희생과 섬김의 삶이 예수의 제자가 추구해야 할 방향임을 수정보다도 더 투명하게 보게 해 달라고 기도하라. 주님의 진리가 당신의 영혼을 사로잡게 해 달라고 기도하라. 복음의 진리에 따라 그리스도를 위해 불편과 고난을 감수하는 삶, 희생하고 섬기는 삶을 실천하게 해 달라고 기도하라. 그런 삶이 당신의 새로운 체질이 되게 해 달라고 기도하라.

"너에게 무엇을 해 주길 원하느냐"라는 예수님의 '뻔한' 질문과 "보기를 원하나이다!"라는 너무나 당연한 바디매오의 답변은 참된 필요는 뒤로 한 채 허영과 야망에 사로잡혀 있는 우리 개인과 공동체가 정직하게 숙고해 볼 바를 던져준다. 예수님과 바디매오 사이의 '뻔한' 질문과 답변은 심각하게 훼손된 영적 시력을 갖고도 시력 회복과 교정을 도외시한 채, 세상의 성공에만 골똘해 있고, 허영에 들떠 있는 우리 사회, 공동체들, 그리고 특별히 우리 자신에게 '너무나 당연한 것'의 본질적 중요성을 엄중하게 일깨워 준다.[33]

주님께서는 야고보-요한 형제와 바디매오에게 하셨던 그 질문을 지금 우리에게도 던지신다. "너는 내가 무엇을 해 주길 원하니, 너는 진정 무엇을 원하니?" 당신은 주님의 질문에 무엇이라고 답하겠는가?

적용/토론을 위한 질문 ✏️

1. 요즘 당신이 가장 마음을 쓰고 있는 일은 무엇입니까?

2. 복음적 신앙의 본질은 무엇입니까?

3. '영적 시력'이란 무엇을 의미합니까?

4. 당신이 최근 가장 마음을 쓰고 있는 일 중에서 당신의 영적 시력 회복과 관련된 것이 있습니까?

5. 당신은 정말 영적인 개안수술/백내장수술을 원합니까?

기도 주님, 우리가 세상의 것들로 헛되이 들뜨지 말게 하소서. 우리가 부수적인 것에 골똘하지 않게 하소서. 우리의 진정한 필요를 인식하고, 본질적이고, 영원한 것을 추구케 하소서. 우리의 눈을 열어주소서. 그래서 주를 보게 하소서. 그리고 주를 따르게 하소서. 그리스도와 복음을 위한 고난, 섬김, 희생의 삶이 바로 예수님의 제자된 저희가 나아가야 할 길임을 대낮보다 더 밝히 보게 하소서. 예수 그리스도의 이름으로 기도합니다. 아멘.

제5장
'그저 말뿐인' 예수님

예수께서 이르시되 가라 네 믿음이 너를 구원하였느니라 하시니 그가 곧 보게 되어…… (막 10:52)

예수님은 '그저 말뿐'이었다. 잠깐만! 주님이 그저 말뿐이시라고? 필자가 지금 신성모독을 하고 있는가? '지금까지 이 책이 그래도 어느 정도는 읽어줄 만했는데 이제 보니 도저히 안 되겠구나!' 싶은 생각이 드실 수도 있다. 그러나 조금만 인내심을 갖고 계속 읽어주시기 바란다.

일반적으로 우리 주변에서 '그저 말뿐'이라고 하면 그 표현은 보통 부정적 뜻을 갖는다. 어떤 사람이 말만 그럴싸하게 하지 실제로 아무것도 행하지 않는다고 불평할 때 그런 표현이 주로 등장한다. 혹은 듣기 좋게 말은 잘하지만, 내실은 없고 아무 따라오는 결과도 없을 때

'그저 말뿐'이라 한다.

그러나 필자는 그런 뜻에서 예수님이 '그저 말뿐'이라고 하는 게 아니다. 예수님은 바디매오가 치유받았다고 말로만 선언하신 게 아니라 실제로 그를 고치셨다(막 10:52).[34] 또한, 중풍 병자에게 네 죄가 사함을 받았다고 말씀만 하신 게 아니다. 실제로 그의 죄를 사하셨고, 중풍병자의 치유를 통해 죄 용서를 확증하셨다(막 2:5, 10-12). 주님이 베푸신 이같은 일들은 예수님이 그저 말만 그럴싸하게 늘어놓는 공허한 분이 아님을 너무나 분명히 보여준다.

그렇다면 필자는 과연 어떤 뜻에서 예수님이 '그저 말뿐'이라고 하는 것인가? 여기서 필자가 예수님에 대해 사용한 '그저 말뿐'이라는 표현은 그 일반적인 용례와는 반대로 극도로 긍정적인 뜻을 담고 있다. 필자가 위에서 언급한 예수님이 '그저 말뿐'이시다는 표현의 뜻은 다음과 같다.

> 예수님은 당대 유대인 혹은 이방인 마법사들과 달리 어떤 주문, 의식행위, 신비한 공식(formula) 또는 까다로운 제의적 준비 절차 없이 "네 믿음이 너를 구원하였느니라"(막 10:52)는 말씀 한 마디로 바디매오의 시력을 즉각적이고 완전하게 치유하셨다.

특출나거나 인상적인 종교적 혹은 제의적 노력 없이 예수님이 선포하신 말씀 한 마디에 바디매오의 시력이 즉각적이고, 완전하게 치유되었다. 그저 말씀 한마디 하셨을 뿐인데, 그 말씀이 즉시 실재(reality)가 되었다(막 10:52). 예수님이 바디매오에게 시력을 주실 때, 주님은 '그저 말뿐'이셨다.[35]

예수님이 '그저 말뿐'이셨던 것은 치유사역에서만이 아니었다. 귀신을 쫓아 내실 때(막 1:25)도 '그저 말뿐'이셨다. 죄를 사하실 때(막 2:5)도 '그저 말뿐'이셨다. 그리고 풍랑을 잠잠케 하실 때(막 4:39)도 예수님은 '그저 말뿐'이셨다. 그 모든 일에서 그저 주님의 말씀 한 마디면 그 자체로 충분했다.

사도행전 19장에 기록된 '제사장' 스게와[36]의 아들들 이야기는 흥미로운 비교 대상을 제공한다. 하나님이 허락하신 능력으로 바울이 에베소에서 행한 기적을 본 스게와의 일곱 아들은 마술사였다. 바울을 통해 기적이 일어나는 것을 목도한 그들은 당시 마법사들의 습관을 따라 그들이 영험하다고 여긴 '예수'의 이름을 언급하며 자신들도 바울처럼 축사를 할 수 있기를 기대했다.

1세기 당시 에베소는 다양한 마술 행위로 유명했는데, 마법사들은 특정한 신적 존재들의 이름을 부르면 그들의 초자연적 힘을 자신들이 원하는 대로 조종할 수 있다고 믿었다. 그래서 당시 마법사들은 복수의 신적 존재들을 병치해서 불렀다. 때로는 유대인들에게 친숙한 천사들과 이방 신들의 이름을 혼합·병용해서 부르기도 했다. 때로는 그들의 마술 문구에 예수의 이름을 삽입하기도 했는데, 아마 크리스천들이 축사를 행하는 장면을 목도한 후에 그런 시도를 시작했을 것이다. 사도행전 19장에 언급된 스게와의 아들들처럼 말이다.

  필자의 지도교수 중 한 분은 이런 마법 행위가 현대의학의 항생제 처방과 흡사하다고 유머 있게 이야기한 적이 있다. 필자의 지도교수님은 의사들이 특정한 종류의 항생제를 처방해 보고, 효과가 없으면 다른 항생제를 사용해 보고, 그래도 안 되면 또 다른 항생제를 처방하는 현상을 유머러스하게 환기했다. 1세기 전후의 마법사들은 어떤 신적인 존재의 이름을 한 번 불러 보고 효용이 없는 듯하면, 다른 신적 존재의 이름을 불러보았다. 그것도 소용이 없으면 또 다른 신적 존재의 이름을 불렀다. 스게와의 아들들 같은 마법사들에게 '신적 존재들'은 목적을 이루기 위한 수단이었다. 자신의 욕망을 부인하고, 신의 뜻대로 살려는 자세 없이 초자연적 존재의 힘을 빌려 자신들이 원하는 일을 이루어 보려 애썼다.[37] 그렇게 스게와의 일곱 아들은 자신들이 믿지도 않는 예수님의 이름을 빙자하면서 바울 흉내를 내어 축사를 시도했다(행 19:13-14). 스게와의 아들들이 경험한 결과는 수치스럽고 참담했다.

> 악귀가 대답하여 이르되 내가 예수도 알고 바울도 알거니와 너희는 누구냐 하며 악귀 들린 사람이 그들에게 뛰어올라 눌러

이기니 그들이 상하여 벗은 몸으로 그 집에서 도망하는지라(행 19:15-16)

스게와의 아들들이 경험한 수치스럽고 참담한 결과는 참된 영적 능력이 예수 그리스도 안에 있는 것이지 마법 주문이나 특별한 제의적 방식에 있지 않음을 보여준다. 또한 예수님은 함부로 길들이거나 조종할 수 있는 대상이 아님을 분명히 보여준다.[38] 그렇다! 예수님은 예배의 대상(계 4-5장)이시다. 예수님은 우리나 그 어느 누가 조종하거나 맘대로 이용할 수 있는 분이 아니시다!

다시 마가복음으로 돌아가자. 예수님은 기적을 베푸실 때 당시 마법사들이 그랬듯 어떤 테크니컬한 공식을 쓰면서 그 가운데 신적 존재를 부르지 않으셨다. 그 이름에 내재되었다고 여겨졌던 신비한 힘을 빌려보려 애쓰지도 않으셨다. 예수님은 그런 유별난 방식으로 바디매오를 치료하지 않으셨다. 하나님과 하나이신 예수 그리스도는 자신(막 1:2-3 [말 3:1 및 사 40:3 인용]) 안에 이미 내재된 능력으로 시각장애인의 시력을 즉각 치유하셨다. 예수님께서는 "네 믿음이 너를 구원하였느니라"(막 10:52)는 짧은 말 한마디면 충분하고도 남음이 있었다. 그렇다! 예수님은 '그저 말뿐'이셨다.[39]

예수님이 '그저 말뿐'이었다는 사실, 즉, 그분의 말씀 한 마디면 모든 게 충분했다는 사실은 예수님의 신적 정체성과 권위에 대한 초강력 암시를 남긴다(막 2:1-12, 특히 5절; 사 35:5 참조). 아울러 예수님이 '그저 말뿐'이셨다는 사실은 우리가 주님의 권위있는 말씀 한마디 한마디를 경청해야 한다는 사실을 극명하게 보여 준다. 사실 바디매오 본문을 다룬 본서는 일곱 절의 본문 안에 들어 있는 주님의 말씀을 한마디도 놓치지 않고 경청하고자 하는 작은 노력, 그 이상도 그 이하도 아니다.

적용/토론을 위한 질문

1. 당신에게 예수님은 어떤 존재입니까? 그분의 신적 정체성과 권세가 오늘 당신의 삶과 어떤 관계가 있습니까?

2. 마가복음에서 이야기하는 치유와 축사(귀신 쫓아내기)의 기적을 행하시는 예수님의 모습 가운데 특별한 종교적 의식이나 제의적 노력이 없었다는 것은 무엇을 의미합니까?

3. 본 챕터가 설명한 취지에서 예수님이 '그저 말뿐'이셨다는 사실이 중요한 이유는 무엇인가요?

기도 예수 그리스도께서 하나님과 하나이심을 고백합니다. 항상 우리가 그리스도께서 행하신 놀라운 일들을 경외함과 겸손함으로 바라보게 하시고 주의 권위에 순복하는 마음을 허락하옵소서. 세상의 허다한 말들보다 예수님의 권위 있는 말씀 한 마디를 더 경청하고 따르며 살게 하소서. 예수님 이름으로 기도합니다. 아멘.

제6장
바디매오의 '믿음'

예수께서 이르시되 가라 네 믿음이 너를 구원하였느니라 하시니 (막 10:52)

겉옷을 뒤로하고 뛰어 일어나 앞으로 나아오는 바디매오에게 예수님은 무엇을 해 주기 원하는지 물으신다. 그에 대해 바디매오는 '보기 원한다'고 답변한다. 이에 예수님은 바디매오에게 "네 믿음이 너를 구원하였느니라"(막 10:52)고 반응한다.[40] "네 믿음이 너를 구원하였느니라"라는 선언을 통해 예수님은 바디매오의 믿음을 인정하시고, 칭찬하신다.[41] 그런데 주님께 칭찬받은 바디매오의 '믿음'의 실체는 무엇일까? 이하에서 바디매오의 믿음이 지닌 몇 가지 성격(characteristics)에 대해 생각해 보고자 한다.

믿음의 의존성(하나님 중심성)

먼저 주님께 칭찬받은 바디매오의 믿음은 의존적인 실체다. 믿음은 마술적 주문이나 최면에 가까운 자기중심적인 사고가 아니다. "네 믿음이 너를 구원하였느니라"(막 10:52) 라는 예수님의 말씀을 오해하면 '모든 일이 각자가 믿고 바라는 바대로 이뤄진다'는 식으로 오해할 수도 있다. 그리고 안타깝게도 실제로 그렇게 오해하는 사람들이 교회 안에 적지 않다. 하지만 '스스로 바라는 일이 실제로 일어난다고 믿기만 하면 그대로 딱 이뤄진다'고 하는 생각은 번영신학적 자기중심성에 사로잡힌 생각이다. 또한, 성경적 믿음의 본질에서 크게 이탈해 있다.

'믿음'이란 본디 믿는 이 자신이 아닌 믿음의 대상이 되는 존재에 의존한다는 뜻을 포함한다. 그렇기에 믿는 이 자신의 뜻보다 믿음의 대상이 되는 분의 뜻을 우선으로 삼는다는 의미도 포함한다. 바디매오의 믿음에 관해 이야기할 때, 그가 예수님의 메시아 되심을 적극적으로 고백했으며, 다른 이들의 꾸중에도 불구하고 끈질기게 예수님의 긍휼을 구했음에 주목하는 것은 적절하다. 하지만 바디매오의 그같은 행동에 주목하면서 그가 취한 행동이 은혜로운 메시아 예수님에 대한 신뢰와 의존에 근거했음을 망각한다면, 바디매오 본문에 대한 우리의 성경해석은 균형을 상실한 것이다.[42]

우리는 누구에게 의존한다는 것을 열등감과 부족함의 단서로 여긴다. 누군가에 의존한다는 것을 제대로 자기 구실을 못 한다는 뜻으로 이해한다. 그리고 주님과의 관계에서마저 그런 이해를 유지한다. 하지만, 주님과의 관계에서만은 의존이 결코 부끄러운 일이 아니며 도리어 크게 자랑할 만한 일이다! 주님을 의존하며 사는 것은 사실 선택사항이 아니라 필수사항이다. 주님에 대한 의존(믿음) 가운데 사는 자는 이미 구원을 얻는 자요, 마지막 때에 구원의 종말론적 완성을 경험할 자다(롬 1:16-17 참조).

이 세상은 자가구원, 그러니까 자기 힘과 능력에 의한 구원을 가르친다. '신앙'이란 마음이 연약한 이들을 위해서나 필요한 것이라고 조롱한다. 사실 예수님을 믿는다고 자부하는 우리 역시 매일 자신의 인생을 컨트롤해 보려고 난리를 치곤 한다. 그렇게 자신의 인생을 스스로 다 통제해 보려는 우리의 태도 뒤에는 사실 엄청난 두려움이 도사리고 있다. '내 스스로 내 인생을 통제하지 않는다면 결국 실패하거나 큰 어려움을 겪게 될 거야'라는 생각 말이다. 물론 그 생각이 완전히 틀린 것은 아니다. 누군가는 우리 인생을 컨트롤해야 한다. 문제는 우리 자신은 그렇게 할 능력이 없다는 점이다. 잠시 후에 무슨 일이 벌어질지도 모르는 게 우리네 인생 아닌가? 그런 우리가 우리 인생을 어떻게 스스로 통제할 수 있다는 말인가?

우리 스스로는 우리 인생을 통제할 능력이 없기에 주님께 의존해야 한다. 두려움과 자가통제의 병적 열망이 우리 존재의 중심을 차지하게 될 때, 우리 내면 그리고 우리들이 맺는 관계에서 진정한 생명과 기쁨은 사라져버린다. 두려움과 경계심에 억눌린 노예살이가 되고 만다. 그러한 잔혹한 노예살이로부터의 해방은 오직 주님께 의존함을 통해서 가능하다. 의존에 의한 구원, 그것이 바로 성경이 가르치는 메시아 예수의 복음이다! 그렇다! 자가통제가 아니라 그리스도에 대한 의존이 구원을 가져온다! 바디매오를 향한 주님의 선포에 귀를 기울여야 한다. "네 믿음(의존)이 너를 구원하였느니라!"(막 10:52).

우리는 아울러 바디매오가 자신을 불쌍히 여겨달라고 예수님께 거듭 요청했음에 주목해야 한다(막 10:47, 48). 예수님이 칭찬하신 바디매오의 믿음은 자신이 예수님의 긍휼이 필요한 자임을 인정하는 믿음이다. 또한 긍휼이 넘치시는 메시아를 신뢰하고 그분께 자신을 의탁하는 믿음이다. 그런 믿음을 예수님은 칭찬하셨다.

"네 믿음이 너를 구원하였으니라"(막 10:52)라는 예수님의 칭찬은 '네가 스스로 믿지 않았다면 나도 아무것도 할 수 없었을 텐데…… 네가 믿어서 이런 기적이 일어나는구나'라는 뜻이 아니라, '네가 나의 긍휼을 신뢰하고 내게 의존했기에 내가 이런 기적을 베풀어 주었다'는 뜻에 훨씬 가깝다. 만일 예수님이 긍휼이 풍성한 메시아가 아니라면 바디매오의 믿음(의존)이 실제적으로 큰 의미를 갖지는 못한다. 그러나 예수님은 그 누구보다 은혜와 긍휼이 넘치시는 분이시기에 바디매오의 믿음이 풍성한 의미를 지닌다. 이런 관점에서 볼 때, 바디매오의 '믿음' 이야기는 본질적으로 예수님의 긍휼 이야기다.

"네 믿음이 너를 구원하였다"는 예수님의 칭찬은 바디매오의 믿음이 완벽하다는 뜻은 아니다. 우리 중 누구도 완벽한 믿음을 가진 사람는 없다. 바디매오는 당시 구원사의 한 시점에서 그가 가진 지식의 수준에 근거하여 자신의 절실한 필요를 예수님께 용기 있게 아뢰었고, 긍휼이 풍성하신 그분을 의지했다. 예수님은 바디매오의 그같은 의존을 칭찬받을 만한 믿음으로 인정해 주셨다.[43]

믿음의 인격성

주님께 칭찬받은 바디매오의 믿음은 의존적인 동시에 인격적인 실체다. 사실 믿음의 의존적 성격과 인격적 성격은 불가분의 관계로 연결되어 있다.

'믿음'이란 본디 인격적인(personal) 실체다. 예수님은 바디매오에게 '네'(σοῦ [2인칭 단수]) 믿음이 너를 구원했다고 말씀하신다. 바디매오 본문(막 10:46-52)에 근거하여 살펴볼 때, '믿음'이란 바디매오라는 한 사람이 메시아 예수께 자신의 삶을 의지, 의존한다는 뜻이다. 이런 믿음(의존)에는 인격 대(對) 인격의 차원이 존재한다. 믿음의 대상이신 메시아 예수님을 신뢰하고 의지하는 사람과 메시아 예수 사이에 존재하는 인격적 차원 말이다. 예수의 제자 각 사람은 근본적으로 메시아 예수님께 기대어 사는 의존적인 존재며, 참된 믿음은 인격적 존재인 예수님 그분을 향한 신뢰와 의존이다.

믿음에는 분명 공동체성이 존재한다(예를 들어, 막 2:5 ["그들의 믿음을 보시고"]를 보라). 그리고 한국교회는 믿음의 공동체성을 간과하며 개인주의적 영성을 지나치게 부추겨 온 것도 부인할 수 없는 사실이다. 그리고 이에 대해서는 주저함 없는 반성과 회개, 각성과 변혁이 필요하다. 하지만 각 사람이 예수 그리스도를 향해 가져야 하는 믿음의 중요성을 간과하거나, 축소하는 것도 매우 곤란하다. 왜냐면, 가족, 교우, 혹은 친구의 믿음이 예수님을 향한 각 사람의 믿음을 대체해줄 수 없기 때문이다.

내 믿음과 내가 속한 공동체의 믿음은 동전의 양면처럼 불가분의 관계로 연결되어 있다. 하지만, 동전의 앞면과 뒷면이 서로 구분이 되듯, 또 진짜 동전은 한쪽 면만 아니라 양면 모두 진짜여야 하듯, 내가 속한 공동체의 신앙이 예수 그리스도를 향한 나 개인의 믿음을 대신해 줄 수는 없다. 이 둘은 유기적으로 연결되어 있고 떼려야 뗄 수 없는 방식으로 맞닿아 있지만, 이 둘 중 단 한 가지만 선택하여 편향적으로 강조하거나 한쪽이 다른 한쪽을 대체하게끔 한다면, 그것은 결국 반쪽 진리에 머물게 되는 꼴이 된다(명심하자! '반쪽 진리'란 그 표현 그대로 반쪽만 진리다. 다른 반쪽은 거짓이다![44]).

바디매오의 믿음은 예수님 그분께 의존하는 인격적 실체였다. 예수님의 직계 제자들과 예수님을 열정적으로 좇는 무리가 그를 심하게 나무라더라도 바디매오가 그에 조금도 굴하지 않고 끈질기게 외칠 수 있었던 것은 예수님 그분을 향한 믿음이 있었기 때문이다. 주님은 그 같은 바디매오의 믿음이 그를 '구원'했다고 선언하신다(막 10:52).[45] 각 사람(그리고 각 공동체)을 구원하는 것은 긍휼이 넘치시는 메시아 예수님 그분을 향한 인격적 믿음이다. 바로 그 인격적 믿음이 바디매오를 구원했고 신약성경에 등장하는 우리 믿음의 선배들을 구원했다. 그리고 그런 믿음이 우리들을 구원한다(롬 1:16-17; 요 14:6 및 행 4:12 참조).

믿음의 능동성

주님께 칭찬받은 바디매오의 믿음은 의존적이고 인격적인 동시에 능동적인 실체다. 주님께서 "네 믿음이 너를 구원하였느니라" 라는 칭찬을 해 주신 경우는 마가복음에 딱 두 차례 기록되어 있다. 저자 마가에 따르면, 바디매오 본문(막 10:46-52)에 한 차례, 그리고 12년간 혈루증 앓던 여인을 치유하실 때 한 차례(막 5:34), 딱 두 번 그 같은 인상적인 칭찬을 해 주셨다. 그게 전부다. 예수님을 가장 가까이서 모셨던 열두 제자 그리고 예수님에 매료되었던 헤아릴 수 없이 많은 군중들 중 그런 칭찬을 들은 사람은 없었다. 다른 이들의 환대나 존경을 전혀 받지 못하던 혈루증 앓던 여인과 바디매오 두 사람만 예수님께 그런 칭찬을 받았다.

열두 해 혈루증 앓던 여인과 시각장애인 거지 바디매오가 가졌던 믿음의 공통점 중 하나는 바로 능동성이다. 그들의 믿음은 단순한 지적 동의가 아니었다. 그저 내면이 고양되는 신비한 경험만도 아니었다. 그들의 믿음은 그들을 실제로 움직였다. 그들을 행동하게끔 만들었다. '예수님이라면 분명 나를 고쳐주고 도와주실 수 있다'는 믿음이 힘없고 연약한 혈루증 여인으로 하여금 건장한 장정들을 다 헤치며 예수님 곁으로 나아가서 그의 옷자락을 만지도록 이끌었다. '메시아 예수님이라면 분명 내 시력을 고쳐줄 것이다'는 믿음이 바디매오로 하여금 다수의 폭력적 꾸지람에도 굴하지 않고 예수님의 도움을 집요할 정도로 끈질기게 요청하게끔 만들었다. 또한 그의 유일한 재산이었을 겉옷마저 뒤로 한 채 예수님께 나아가게끔 이끌었다.

혈루증 앓던 여인과 바디매오의 사례에서 잘 보여지듯 '믿음'은 능동성을 내포한다. 입술에만 머물고 마음에만 머무는 '믿음'에 얼마간의 종교성이 있을는지 모르지만, 그것은 성경이 말하는 믿음이 아니다. 행동으로 나아가지 못하는 믿음은 진짜 믿음이 아니다. 야고보가 말한 대로 "행함이 없는 믿음은 헛것"이다!(약 2:20[마 7:15-27; 갈 5:21참조])

바디매오의 믿음, 그리고 우리의 믿음

위에서 살펴본 대로, 예수님이 인정하시는 바디매오의 믿음은 실로 의존적이고, 인격적이며, 능동적인 실체였다. 이미 언급했듯이 바디매오의 믿음이 완벽했다는 말은 아니다(오직 예수님의 믿음만이 완벽하다).

그러나 바디매오의 믿음은 진정성 있는 실체였다.

당신의 믿음은 어떠한가? 당신의 믿음은 바디매오의 믿음처럼 진정성있는 실체인가? 당신의 믿음은 의존적, 인격적, 능동적 실체인가? 아니면 하나의 종교적 습관이나 텅 빈 형식에 불과한가? 그 누구도 주목하지 않던 자, 아니 많은 이들이 주목하여 멸시하고 천대했던 바디매오의 믿음을 예수님이 주목하셨고 칭찬하셨다. "예수께서 이르시되 가라 네 믿음이 너를 구원하였느니라 하시니"(막 10:52).

적용/토론을 위한 질문

1. 완벽하진 않지만 진정성있는 믿음이란 무엇일까요?

2. 우리가 살면서 누군가를 의존한다는 것과 주님을 의존한다는 것 사이의 차이는 무엇입니까?

3. 바디매오 이야기에서 보이는 인격적인 믿음이란 무엇입니까?

4. 믿음이 행동으로 이어져야 한다는 사실을 충분히 강조하면서 어떻게 하면 율법주의의 폐해와 오류를 피할 수 있을까요?

기도 하나님, 예수님을 좇는 것이 종교적 형식과 습관이 아니라 역동성 넘치는 기쁨과 신뢰의 여정 되게 하소서. 우리 인생이 온전히 주님만을 의존함으로 세상의 가치들을 좇지 않게 하소서. 주님과의 인격적 친밀함을 잃지 않도록 하옵소서. 우리의 믿음이 주님의 은혜에 대한 감격 가운데 의미있는 행동과 실천으로 이어지게 하소서. 예수님 이름으로 기도합니다. 아멘.

이상 제1부에서는 바디매오 본문 내용 전체를 여섯 개의 챕터로 나누어 개괄했다. 긍휼이 넘치는 메시아 예수님을 대면하고 시력의 치유를 경험한 바디매오는 예루살렘을 향하는 예수님의 행렬에 동참하여 그를 좇는다(막 10:52). 전에는 '영예의 아들' 혹은 '영예로운 아들'을 뜻하는 그의 이름[46]이 아이러니하게 들렸을 것이다. 앞을 보지 못한 채 구걸에 의지하여 연명하는 그에게 사실 '영예'란 조금도 남아있지 않았다. 그러나 이제 '바디매오'란 이름이 그에게 이보다 더 잘 어울릴 순 없다! 바디매오는 예수님을 따르는 최고로 영예로운 그 일에 자발적으로 동참하고 있다! 길가의 시각장애인이요 걸인이였던 바디매오가 이제 예수를 따르는 제자가 되었다!

이어지는 제2부에서는 책 서두에서 약속했던 대로 바디매오 본문이 우리에게 던져주는 제자도에 대한 가르침에 주목하고자 한다. 제자도에 관한 본격적인 논의(제9-10장)에 앞서 제자도가 율법주의적 부과물이 아니라 예수 그리스도의 은혜와 긍휼에 폭 잠겨 있는 기쁨의 실체임을 분명하게 밝힐 필요가 있다(제7장). 이는 우리 주변에 '제자도'를 율법주의적 행위와 혼동하는 경우가 적지 않기 때문이고 또 그로 인한 폐해가 결코 적지 않기 때문이다. 필자는 이하에서 은혜에 폭 잠긴 제자의 삶(제7장)에 대해 설명한 후, 바디매오의 '겉옷 내팽개치기'가 가진 의의에 대해 생각해보고(제8장), 바디매오의 제자도가 내포하는 두 가지 측면에 대해 함께 묵상하도록 하겠다(제9-10장).

제2부
길 위의 제자 바디매오

바디매오 본문 (개역개정)

(막 10:46) 그들이 여리고에 이르렀더니 예수께서 제자들과 허다한 무리와 함께 여리고에서 나가실 때에 디매오의 아들인 시각장애인 거지 바디매오가 길 가에 앉았다가

(막 10:47) 나사렛 예수시란 말을 듣고 소리 질러 이르되 다윗의 자손 예수여 나를 불쌍히 여기소서 하거늘

(막 10:48) 많은 사람이 꾸짖어 잠잠하라 하되 그가 더욱 크게 소리 질러 이르되 다윗의 자손이여 나를 불쌍히 여기소서 하는지라

(막 10:49) 예수께서 머물러 서서 그를 부르라 하시니 그들이 그 시각장애인을 부르며 이르되 안심하고 일어나라 그가 너를 부르신다 하매

(막 10:50) 시각장애인이 겉옷을 내버리고 뛰어 일어나 예수께 나아오거늘

(막 10:51) 예수께서 말씀하여 이르시되 네게 무엇을 하여 주기를 원하느냐 시각장애인이 이르되 선생님이여 보기를 원하나이다

(막 10:52) 예수께서 이르시되 가라 네 믿음이 너를 구원하였느니라 하시니 그가 곧 보게 되어 예수를 길에서 따르니라 (막 10:46-52)

제7장
'주와 같이 길 가는 것 즐거운 일 아닌가'

> 그들이 여리고에 이르렀더니 예수께서 제자들과 허다한 무리와 함께 여리고에서 나가실 때에 디매오의 아들인 시각장애인 거지 바디매오가 길가에 앉았다가 … 예수께서 이르시되 가라 네 믿음이 너를 구원하였느니라 하시니 그가 곧 보게 되어 예수를 길에서 따르니라(막 10:46, 52)

많은 그리스도인이 '주와 같이 길 가는 것 즐거운 일 아닌가' 라는 찬송을 즐겨 부른다. 필자도 예외는 아니다. 박사과정 공부하는 동안 가정예배를 드리면서 가족과 함께 그 찬송을 자주 불렀다. 나중에는 당시 유치원에 다니던 아들이 1절부터 4절까지 가사를 완전히 다 외울 정도였다.

그러나 막상 현실로 돌아와 보면, 비록 많은 그리스도인이 예수님의 대속적 죽음을 받아들이고 그로 인해 죄 사함 받은 것을 '기쁨'으로 여기지만 예수님의 발자취를 따라가는 제자도는 '부담'으로 여긴다. '제자도'와 '기쁨'이 한 쌍이 되지 못하고 물과 기름처럼 서로 분리된다. 대부분의 성도는 치열하고 각박한 삶의 현장 가운데서 '제자도'와 '기쁨'이라는 두 단어를 쉽사리 연결 짓지 못한다. 그 결과, 그리스도인의 삶에서 '제자도'와 '기쁨'이 서로를 거부하는 비극이 발생하고 있다. 때로는 제자답게 살지 못하는 자신의 모습을 정당화하기 위해 제자도에 대한 가르침들을 도매급으로 '율법주의'라 낙인찍기도 한다. 그러나 마가는 제자도와 기쁨을 서로로부터 분리한 채 살아가고 있는 많은 이들에게 바디매오가 만나고 경험했던 예수님의 은혜와 긍휼에 대해 생생하게 들려줌으로써 제자로 사는 것이 참으로 감사하고, 복된 일임을 상기시켜 준다.

앞서 살펴본 바대로, 마가복음 10:46-52는 일곱 절에 불과한 짧은 본문이지만 여러 중요한 측면을 내포하고 있다. 짧지만 밀도 있고 무게감 있는 이 일곱 절 본문의 중심에 은혜의 예수님이 계신다. 그리고 예수님의 긍휼히 여기심을 입은 바디매오가 있다.

바디매오는 여리고에서 살던 눈먼 거지였다. 그는 예수님과 '측근' 제자들 그리고 예수님을 따르는 거대한 무리가 예루살렘을 향해 행진해 갈 때, 길가장자리에 앉아 연명을 위해 구걸하는 비참한 인생이었다. "디매오의 아들인 시각장애인 거지 바디매오가 길가에 앉았다가"(막10:46)라는 마가의 예외적으로 상세한 묘사는 이 시각장애인의 참담한 상황을 생생하게 드러내 준다.[47]

그러던 중 바디매오는 그 행렬의 주인공이 바로 나사렛 예수시라는 이야기를 듣는다. 그 말을 듣고 바디매오는 "다윗의 자손 예수여 나를 불쌍히 여기소서"라는 놀라운 믿음의 고백을 한다(막 10:47[참조 10:52]). 당시 유대교에서 '다윗의 자손'이란 표현은 '메시아'라는 호칭과 상호교환이 가능한 것이었다. 바디매오의 외침에 많은 사람이 입을 다물라며 그를 심하게 꾸짖는다(막 4:39 과 비교). 그러나 그는 거기에 한 치도 물러서지 않는다. 도리어 더욱 목에 핏대를 세우며 "다윗의 자손이여 나를 불쌍히 여기소서"(막 10:48)라고 소리 지른다.

제자들과 사람들은 바디매오에게 입을 다물라고 윽박지르지만, 예수님은 그들과 다르시다. 예루살렘으로 향하는 그 의미심장한 행차를 중단하신다. 그리고 바디매오를 친히 부르신다. "예수께서 머물러 서서 그를 부르라 하시니"(막 10:49).

바디매오를 대하는 예수님의 태도는 제자들의 거친 태도에 변화를 가져온다.

> "그들이 그 시각장애인을 부르며 이르되 안심하고 일어나라 그가 너를 부르신다 하매"(막 10:49).

예수님의 자애로운 부르심에 바디매오는 '겉옷을 내어버리고 뛰어 일어나'(막 10:50) 앞으로 나아간다. 예수님을 향해 나오는 바디매오의 마음은 억누를 수 없는 기쁨과 벅찬 기대감으로 가득 차 있었을 것이다. 예수님은 바디매오의 간절한 소원대로 그의 시력을 즉각적으로 고쳐주신다(막 10:51-52).

예수님을 만난 뒤 바디매오의 삶은 완전히 뒤바뀌었다. 시각장애인이었던 바디매오가 이제 예수님의 치유 사역을 통해 선명히 보는 자가 되었다. 특별히 예수님을 보는 자가 되었다. 이제 2.0의 시력을 갖고 앞서가시는 예수님을 바라보면서 그를 좇는다(막 10:52). 길가의 거지가 길 위의 제자가 되었다!

마가복음 10:46-52 본문에 따르면, 그 누구도 바디매오에게 제자도를 강요하지 않았다. 그러나 길가의 노바디(nobody)를 외면치 않고 그의 외침을 꾸짖지 않으시며 그를 위해 멈추시고 그의 인생을 친히 매만지신 예수님의 긍휼을 경험한 뒤, 바디매오는 자발적으로 예루살렘으로 향하는 그 길 위에서 예수님과 동행하기 시작한다!(막 10:52) 예수님이 바디매오에 베푸신 일은 이사야 35장의 성취다.

> (사 35:1) 광야와 메마른 땅이 기뻐하며 사막이 백합화 같이 피어 즐거워하며
>
> (사 35:2) 무성하게 피어 기쁜 노래로 즐거워하며 레바논의 영광과 갈멜과 사론의 아름다움을 얻을 것이라 그것들이 여호와의 영광 곧 우리 하나님의 아름다움을 보리로다
>
> (사 35:3) 너희는 약한 손을 강하게 하며 떨리는 무릎을 굳게 하

며[막 10:49 참조]

(사 35:4) 겁내는 자들에게 이르기를 굳세어라, 두려워하지 말라, 보라 너희 하나님이 오사 보복하시며 갚아 주실 것이라 하나님이 오사 너희를 구하시리라 하라[막 10:49 참조]

(사 35:5) 그 때에 시각장애인의 눈이 밝을 것이며[막 10:52 참조] 못 듣는 사람의 귀가 열릴 것이며

(사 35:6) 그 때에 저는 자는 사슴 같이 뛸 것이며[막 10:50 참조] 말 못하는 자의 혀는 노래하리니 이는 광야에서 물이 솟겠고 사막에서 시내가 흐를 것임이라

(사 35:7) 뜨거운 사막이 변하여 못이 될 것이며 메마른 땅이 변하여 원천이 될 것이며 승냥이의 눕던 곳에 풀과 갈대와 부들이 날 것이며

(사 35:8) 거기에 대로가 있어 그 길을 거룩한 길이라 일컫는 바 되리니 깨끗하지 못한 자는 지나가지 못하겠고 오직 구속함을 입은 자들을 위하여 있게 될 것이라 우매한 행인은 그 길로 다니지 못할 것이며 [막 10:52 참조]

(사 35:9) 거기에는 사자가 없고 사나운 짐승이 그리로 올라가지 아니하므로 그것을 만나지 못하겠고 오직 구속함을 받은 자만 그리로 행할 것이며[막 10:52 참조]

(사 35:10) 여호와의 속량함을 받은 자들이 돌아오되 노래하며

> 시온에 이르러 그들의 머리 위에 영영한 희락을 띠고 기쁨과 즐거움을 얻으리니 슬픔과 탄식이 사라지리로다[48]

마가복음 10:46-52의 마지막 부분에 등장하는 공간을 구체적으로 묘사하는 전치사구 '길에서'(막 10:52; 사 35:8-9 참조)는 바디매오가 처음 등장할 때 언급되었던 또 하나의 전치사구 '길가에'(막 10:46)와 서로 대조를 이룬다. 예수님과 제자들 그리고 많은 무리가 행진하던 바로 그 길가(막 4:4, 4:15 참조)에 앉아 연명을 위해 구걸했던 시각장애인 바디매오는 이제 예수님의 치유사역을 통해 선명히 앞을 볼 수 있게 됐다(사 35:5 참조).

아마도 그의 재산 전부였을 겉옷마저 내팽개치고 예수님께 나아갔던 바디매오는 그의 간절한 소원대로 시력을 얻은 후, 십자가로 향하는 바로 그 길에서 예수님을 따르는 제자가 된다. 그 길 위에서 십자가로 향하는 예수님을 선명히 바라보며 그분과 동행한다. "그가 곧 보게 되어 예수를 길에서 따르니라"(막 10:52).

예루살렘을 향하시는 예수님(막 11:1 이하 참조)은 그로부터 며칠 후 십자가에서 몸 찢고 피 흘려 구속의 사역을 이루실 것이다(막 15장; 14:24 및 10:45 참조). 바디매오를 위해서, 그리고 필자와 독자들을 위해서 말이다. 바디매오를 위해 예루살렘으로의 행차를 전격적으로 중단하시고 그를 부르셔서 치유의 긍휼을 베푸신 예수님은 얼마 후 바디매오를 위해(그리고 우리를 위해) 십자가에서 대신 죽으심으로 긍휼의 궁극을 보여주셨다.

제자도는 우리 삶을 에워싸는 예수님의 놀라운 은혜로부터 시작된다. 그렇게 주님의 은혜에 뿌리내린 제자도는 진정한 기쁨을 유발한다. 그렇기에 예수님께서 긍휼로 그를 위해 멈추시고, 그를 친히 부르실 때 바디매오는 감격에 차서 생존의 끈인 겉옷까지 주저 없이 뒤로 한 채 주님께로 나아왔다.

"시각장애인이 겉옷을 내버리고 뛰어 일어나 예수께 나아오거늘"(막 10:50).

바디매오가 예수님을 따라 예루살렘으로의 여정을 시작하기에 앞서 자신이 뒤로 했던 겉옷을 다시 집어 착용했을 것이라고 필자는 추측한다. 아마도 바디매오가 속옷 차림으로 계속 행진하지는 않았으리라. 하지만 저자 마가는 그에 대해 별도로 언급하지 않는다. 마가가 주목한 것은 후에 바디매오가 겉옷을 다시 집어든 사건이 아니다. 저자 마가가 주목한 것은 바디매오가 자신에게 가장 소중한 재산이며 생존의 끈과 같은 겉옷을 과감히 내던지고 기쁨 가운데 예수님께 나아간 사건이다!

겉옷을 다시 집어 들고 착용한 후 예수님을 따라 앞으로 걸어가는 바디매오에게 그 겉옷은 더 이상 생존의 끈이 아니었다. 예수님이 그의 생존의 끈이셨다! 겉옷은 이제 그가 감사와 감격 가운데 예수님을 따르는 과정에서 필요한 도구, 그 이상도 이하도 아니었다.

모든 것을 뒤로 한 채 예수님께 감격하고, 예수님께만 집중하며, 그분께 나아가는 원초적 기쁨과 첫 사랑의 회복이 우리에게 절실하다(계 2:4 참조). 많은 복음주의 교회들을 포함한 현대 기독교는 아쉽게도 그런 기쁨을 상실했다. 오히려 종종 이단들 가운데서 그런 모습이 –물론 왜곡된 형태로- 표출된다.

그러니 어떤 면에서 왜 어떤 이들이 이단에 이끌리는지 조금은 이해가 될 법도 하다. 연약한 영혼을 그릇된 길로 인도하는 이단들에게 절대적으로 책임이 있다. 아울러 그들에게 속아 그릇된 길로 나아가는 사람 역시 책임이 있다. 그러나 성경이 말하는 기쁨의 공동체를 보여주지 못하는 교회와 목회자, 성도들 역시 책임 없다고는 말 못할 것이다.

바디매오가 예수님의 부르심에 응답하여 겉옷을 버리고 뛰어 일어나 앞으로 나아가는 모습을 저자 마가는 그의 독자들에게 생생하게 들려준다. 마가복음의 독자들은 주후 60년대 로마에서 살면서 그리스도의 복음으로 인해 잔혹한 핍박을 경험하고 있었다. 그리스도와 복음을 위한 핍박 가운데 처한 그들은 마가가 기록한 바디매오 이야기를 통해 제자도란 모든 것을 뒤로 하고, 주님께 집중하며, 주님으로 인해 감격하는 것임을 기억했을 것이다. 그리고 그들 자신이 '뛰어 일어나 주님께 나아왔던' 감격적 과거를 아마 회상했을 것이다.

바디매오 본문을 접하면서 필자와 독자들 역시 모든 것을 뒤로 하고 주님을 따르기로 했던 그때를 다시금 새롭게 기억해야 한다. 그렇게 감격하고 기뻐하면서 주께 나아왔던 때를 기억해야 한다.

그러나 그 감격과 기쁨이 단지 과거시제로 끝나선 안 된다. 그 과거의 경험이 모든 것을 뒤로하고 기쁨과 감격으로 주님 앞으로 나아가는 오늘의 삶을 통해 갱신, 재연돼야 한다. 그런 뜻에서 '겉옷'을 내팽개치고 주님께 나아가는 일은 과거시제인 동시에 현재시제다. 모든 사람에게는 겉옷을 내버려 두고 예수님께 나아오는 결정적인 결단이 필요하다. 그러나 그 결단이 그저 과거에만 머물러선 안 된다. 그 결단을 오늘의 삶 가운데 체화하는 것(flesh-out)이 제자도임을 기억하라.

주님의 크신 긍휼과 은혜(막 10:49[막 10:45, 14:24 참조])가 우리 마음속에서 희미해질 때, 우리의 제자도는 기쁨을 상실한 채 율법주의의 내리막길로 금새 곤두박질친다. 우리 자신과 주변의 크고 작은 실패들을 진술하게 회고해 보자. 놀랍게도 주님의 사랑을 의지하며 예수님 향기를 전달해주었던 제자가 율법주의의 악취를 풍기기까지 그리 많은 시간과 노력이 필요하지 않은 것에 놀랄 것이다. 장미꽃이 썩으면 냄새가 더 심하다고 했던가?(고백건데, 이것이 꼭 남의 이야기만은 아니다!)

하지만 주님의 은혜와 긍휼에 푹 잠겨 있고, 그리스도의 십자가 밑에 겸손하게 머물러 있는 한, 예수 따르는 길은 – 비록 늘 쉽진 않지만 – 기쁘고 즐거운 일이다! 영적으로 눈이 멀어 '길가'에 앉아 있던 우리를 예수님이 불러 회복 시켜 '길 위'의 제자 삼아 주셨다. 우리는 종종 우리 자신이 십자가로 향하는 길 위의 제자임을 망각한다. 다시 예전의 길가로 돌아가 주님의 긍휼보다는 세상의 평가에 관심이 쏠린 채로 우리의 소명을 '떨이'로 마구 넘기기도 한다. 하지만 주님은 그때조차 우리가 속한 곳이 길가가 아니라 길 위란 사실을 사랑으로 다시금 일깨워 주신다.[49]

바디매오는 겉옷을 내던질 때 주저함이 없었다(막 10:50). 그저 주님이 불러 주시는 데(49절) 감격해서 기쁨으로 박차고 일어나 주께 나아갔다. 참된 제자도란 바로 그런 것이다. 주님과 복음을 위해 모든 것 내려놓는 것이 오히려 기쁨이 되는 사건이 하나님 나라 안에서는 가능하다. 주님이 우리가 내려놓는 것보다 비할 수 없이 풍성하게 주심(막 10:29-30)을 깨달을 때 제자에게는 기쁨이 샘솟는다.[50] 더욱이 주님이 자기 자신까지 우리를 위해 내어주셨음(막 10:45; 14:24; 15장 전체)을 생각할 때 제자에게는 더 큰 기쁨이 넘친다. 그렇다! 제자도는 본래 기쁜 것이다.

주님, 세상에 찌들어 있고, 많은 시간 '종교적' 일을 하면서도 실은 야고보와 요한처럼 세상적인 가치관에 찌들어 있는(막

10:35, 37) 우리에게 주님의 제자된 기쁨을 회복시켜주소서. 예수님의 부르심을 받드는 기쁨(막 10:49-50), 그리스도와 동행하는 기쁨, 복음의 기쁨, 십자가 길에서 주 따라가는 기쁨(막 10:52)을 누리게 하소서.

바디매오 본문(막 10:46-52)은 예수님 따르는 일이 결코 율법주의적 부담이 아님을 여실히 보여 준다. 바디매오가 예수님을 만난 이야기는 십자가로 향하는 그 길에서 예수님 제자로 걸어가는 일이 사실 부담스러울 정도로 기쁜 일임을 상기시켜 준다(사 35:10 참조). 그리고 제자도가 예수님의 은혜와 긍휼에 푹 잠겨 있는 참으로 복된 실체임을 알려준다. 그렇기에 어려움과 고난의 한복판에서도 우리는 이렇게 찬송한다.

> 주와 같이 길 가는 것 즐거운 일 아닌가
> 우리 주님 걸어가신 발자취를 밟겠네
> 한 걸음 한 걸음 주 예수와 함께
> 날마다 날마다 우리 걸어가리(새 찬송가 430)

적용/토론을 위한 질문

1. 바디매오 본문에 나오는 두 단어 '길가'와 '길 위'는 어떤 뜻에서 서로 대조를 이룹니까?

2. 당신이 생각하는 '회심'의 개념은 어떤 것입니까? '회심'과 '제자도'는 서로 어떤 관계를 갖고 있나요?

3. 바디매오가 주저함 없이 예수님을 따랐던 이유는 무엇입니까?

4. 예수님의 제자들에게 주님의 은혜와 긍휼에 감사하고 감격하는 원초적 기쁨의 회복이 필요한 이유는 무엇이라고 생각하나요?

기도 주님으로 인한 기쁨이 회복되게 하소서. 주님의 은혜에 대한 감격이 회복되게 하소서. 주님이 아닌 것으로 즐거움을 추구하지 않게 하소서. 주와 동행함으로 인해 환경에 구애받지 않는 참 기쁨을 간직하게 하옵소서. 그 가운데 예수님만 바라보고 나아가는 제자가 되기를 소망합니다. 예수님 이름으로 기도합니다. 아멘.

제8장
기쁨으로 겉옷 내팽개치기

시각장애인이 겉옷을 내버리고 뛰어 일어나 예수께 나아오거늘(막 10:50)

    예수님을 '다윗의 자손' 즉, 메시아로 고백한 바디매오가 주님의 부르심에 응답하여 앞으로 나아가기에 앞서 제일 처음 취한 행동은 겉옷을 내팽개친 것이다(막 10:50). 그가 구걸하는 동안 겉옷을 돗자리처럼 쓰면서 그 위에 앉았을 수 있다. 지나가던 이들이 적선한 돈을 자신의 겉옷 위에 올려놓았을 수도 있다. 그 겉옷이 그에게 의복뿐만 아니라 담요의 기능까지 해 주었을 것이다. 그 겉옷이 시각장애인이요 걸인인 바디매오에게는 유일한 재산이었을 가능성이 높다. 출애굽기 22:25-27은 겉옷이 가난한 이스라엘인에게 있어 가장 중요하고도 기본적인 재산이었음을 잘 보여준다.

네가 만일 너와 함께 한 내 백성 중에서 가난한 자에게 돈을 꾸어 주면 너는 그에게 채권자 같이 하지 말며 이자를 받지 말 것이며 네가 만일 이웃의 옷을 전당 잡거든 해가 지기 전에 그에게 돌려보내라 그것이 유일한 옷이라 그것이 그의 알몸을 가릴 옷인즉 그가 무엇을 입고 자겠느냐 그가 내게 부르짖으면 내가 들으리니 나는 자비로운 자임이니라 (출 22:25-27)

하지만 마가는 아주 분명하게 바디매오가 예수님께 나아가기에 앞서 그의 생명줄과도 같은 겉옷을 과감히 내팽개친 것을 주목한다.

"시각장애인이 겉옷을 내버리고 뛰어 일어나 예수께 나아오거늘"(막 10:50).

겉옷은 바디매오의 생존을 담보하는 도구요 생계를 위한 필수요소였다. 그러나 그는 예수님께 나아갈 때 주저 없이 그것을 뒤로했다. 마가의 독자들에게 이는 분명 제자도를 향한 중요한 함의를 갖는 행동이다.

제자도는 과거와의 결별(farewell)이란 대가 지불을 전제한다. 이전에 중시하던 것들을 뒤로할 때, 예수 따름이 시작된다. 마가는 일찍이 예수께서 첫 제자들을 부르셨을 때 그들이 직업, 재산, 가족을 뒤로

한 채 그분을 따랐음을 생생히 묘사했다.

> 갈릴리 해변으로 지나가시다가 시몬과 그 형제 안드레가 바다에 그물 던지는 것을 보시니 그들은 어부라 예수께서 이르시되 나를 따라오라 내가 너희로 사람을 낚는 어부가 되게 하리라 하시니 곧 그물을 버려 두고 따르니라 조금 더 가시다가 세베대의 아들 야고보와 그 형제 요한을 보시니 그들도 배에 있어 그물을 깁는데 곧 부르시니 그 아버지 세베대를 품꾼들과 함께 배에 버려 두고 예수를 따라가니라(막 1:16-20[막 10:28-30 참조])

예수님이 열두제자의 무리에 동참하도록 직접 초청하셨던 부자(rich man)는 그가 소유한 많은 재산에 대한 미련 때문에 결국 슬픔에 잠겨 쓸쓸하게 주님 앞을 떠나고 말았다.

> "그 사람은 재물이 많은 고로 이 말씀으로 인하여 슬픈 기색을 띠고 근심하며 가니라"(막 10:22).

이 부자는 예수님께 대해 많은 관심이 있었지만(막 10:17), 예수님을 위해 자신이 쥐고 있는 '겉옷', 즉 자신의 많은 재산을 다 내려놓을 순 없었다.

하지만 바디매오는 그와 달랐다. 그는 자신의 재산 전부였을 겉옷을 주저함 없이 내던졌다. 또한 기쁨으로 자기가 가진 모든 것을 뒤로 했다. 바디매오의 겉옷 내팽개치기는 예수님의 첫 제자들이 주님을 따르기 위해 취했던 행동과 유사한 의미를 지닌다(막 1:16-20 [막 10:28-30 참조]). 바디매오가 그의 유일한 재산이요, 그의 생존의 담보물과도 같았을 그 겉옷을 뒤로 한 채 예수님께 나아갔음에 저자 마가는 주목한다.[51]

우리가 가장 꽉 붙잡고 의지하는 대상을 내려놓고 오직 예수 그리스도 한 분만 신뢰하는 것이 '겉옷 내팽개치기'의 의미리라. 모든 것을 뒤로하고 예수님께 나아오는 결단은 이제 다른 어느 누구도 의지하지 않고 오직 예수만을 의지하겠다는 배타적 결단의 상징이요, 참된 믿음의 표현이다(막 10:52 참조).[52] 아울러 '겉옷 내팽개치기'는 모든 사람이 예수를 따르기로 할 때 반드시 거쳐야 하는 과정이요(눅14:25 이하 참조), 예수의 제자들이 매일 매일 갱신해야 하는 결정이다.

마가의 독자들은 불신자가 아니라 이미 예수님을 믿고 따르는 성도들이었다.[53] 저자 마가는 핍박받는 60년대 로마의 성도들에게 바디매오의 이야기를 들려주며 그의 겉옷 내팽개치기에 대해 생생하게 묘사한다. 예수님에 대한 헌신으로 인해 잔혹한 핍박에 처한 마가의 독자들은 그들이 처음 그리스도를 따르기로 결정했을 때처럼 '겉옷'이 상징하는 모든 것을 뒤로 하고, 얼마 남아 있는지 예측하기 어려운 이

땅의 삶 가운데 매일 매일 주께 나아와야 했다. 그 과정에서 예수를 따른다는 것이 진정 무엇을 의미하는지 기억해 내야 했고, 예수를 따르는데 수반되는 대가 역시 기억해야 했다.

> "무리와 제자들을 불러 이르시되 누구든지 나를 따라오려거든 자기를 부인하고 자기 십자가를 지고 나를 따를 것이니라"(막 8:34 [막 10:29-30 참조]).

우리 역시 마찬가지다. 바디매오가 자신의 생존의 끈이었던 겉옷마저 뒤로 한 채 예수님께 나아오는 장면을 보면서, 우리 자신이 이전 것들과 결별하고 예수께 나온 자들임을 되새겨야 한다(갈 2:20). 그리고 이미 결별한 것들로 회귀하려는 우리의 옛 본성을 쳐서 복종시켜야 한다. 그럼으로써 십자가의 대속적 죽음을 통해 새 출애굽(New Exodus)의 역사를 이루신 예수님 앞으로 날마다 우리 자신을 가져가야 한다(막 14:24[막 1:2-3; 8:34 참고]). 또한 이미 지불한 제자됨의 대가를 다시 환수하려는 육신의 욕구를 십자가에 날마다 못 박아야 한다.

지금 당신이 과감히 내팽개쳐야 할 그 '겉옷'은 무엇인가? 혹시라도 전에 예수님을 따르고자 결정하면서 이미 뒤로 했던 그 겉옷을 다시금 생존의 끈으로 숭상하는 것은 아닌가? 광야의 이스라엘 백성이 이집트를 그리워했듯(출 14:12; 민 21:5) 우리가 이미 뒤로 했던 겉옷에 대한 향수병에 걸린 채 살고 있는 것은 아닌가?

바디매오는 겉옷을 과감히 내버린 후에 힘있게 뛰어 일어섰고, 그렇게 일어선 후에 예수님께 나아왔다(막 10:50). 오늘 그리스도께로 나아감에 있어 당신이 내팽개쳐야 할 '겉옷'은 과연 무엇인가? 그 겉옷을 담대하게 내팽개치라. 제자도의 대가를 과감히 지불하라. 그리고 예수 그리스도만을 철저히 신뢰하라. 당신의 삶을 주님께 온전히 의탁하라.

바디매오에게 겉옷은 그가 시각장애인으로 생존하는(surviving) 수단이었다(막 10:46). 그러나 주님께서는 그를 위해 비할 수 없을 만큼 더 멋진(thriving) 삶을 예비해 두셨다(막 10:52). 그 멋진 삶을 위해서 바디매오는 먼저 자신의 겉옷을 내팽개쳐야 했다. 다시 묻는다. 지금 당신이 과감히 내팽개쳐야 할 겉옷은 무엇인가? 오늘 당신이 지불해야 하는 제자도의 대가는 무엇인가?[54]

적용/토론을 위한 질문 ✎

1. 바디매오에게 겉옷은 어떤 의미였을까요?

---

2. 당신에게 '겉옷'과 같은 의미가 있는 것(들)은 무엇입니까?

---

3. 바디매오가 겉옷을 과감히 내버린 것과 제자도는 서로 어떤 관계가 있습니까?

---

4. '겉옷 내팽개치기'(뒤로 하기)가 중요한 이유는 무엇입니까?

기도 주여, 아둔한 우리 영혼을 깨우시사 제가 오늘 뒤로해야 할 '겉옷'이 무엇인지 깨달을 수 있는 지혜와 분별력을 주시옵소서. 그리고 그 겉옷을 내팽개칠 용기를 주옵소서. 제자도의 대가를 기꺼이 지불할 결단력을 주옵소서. 이 모든 일에서 주님만 온전히 신뢰케 하소서. 우리가 이미 뒤로한 겉옷에 미련을 갖지 않게 하소서. 그리고 오늘 뒤로 해야 할 겉옷이 무엇인지 선명히 보게 해 주옵소서. 주님께서 우리를 위해 예비하신 것들을 바라볼 수 있는 영적 안목을 주시옵소서(막 10:29-30). 예수님 이름으로 기도합니다. 아멘.

제9장
관계적인 제자도(Relational Discipleship)

그가 곧 보게 되어 예수를 길에서 따르니라(막 10: 52)

    바디매오는 정확히 길 위 어느 지점에 계신지 모르는 예수님을 향해 부르짖었다. 예수님께서는 마치 길 잃은 양 같은 그의 애절한 부르짖음을 듣고, 응답하시고, 그의 시력을 고쳐주셨다. 바디매오가 드디어 눈을 떴을 때, 직접 자신의 눈으로 예수님을 보았고, 주께 주목하며 그분을 따라 예루살렘을 향해 걷기 시작했다.

    예수님과의 일대일 대면이 길가의 시각장애인 거지 바디매오의 삶을 송두리째 바꿨다. 바디매오가 예수님을 일대일로 만난 시간은 물리적으로는 고작해야 삼십 분이 채 되지 않을 것이다(막 10:46-52 참조). 사실 바디매오의 시력 치유가 마가복음 8:22-26에 일어난 벳세다의 시력치유 사건과 달리 즉각적으로 일어났음을 고려할 때,[55] 예수님이 바디매오를 부르시고, 대화하시고, 고쳐주신 시간만 계산한다면 그나마 10분도 채 되지 않을 것이다. 그러나 그 짧은 만남 뒤 바디매오는 예수님을 즉시 좇기 시작했다. 예수님과 함께한 일대일 만남의 물리적 시간은 짧았지만, 그 영적 임팩트는 극도로 강렬했다. 치유를 경험한 바디매오는 골고다로 가기 위해 예루살렘으로 향하는 그 길 위에서 한 걸음 또 한 걸음 내디디며 예수님을 따라 같이 걸었다(벧전 2:21 참조). 비록 그가 예수님과 가진 일대일 대면 시간은 짧았지만 이제 그는 예수님를 따라 걷고 있다.

지난 두 개의 장(제7, 8장)에 걸쳐 매우 중요한 내용을 다뤘다. 우리는 먼저 예수 그리스도의 은혜와 긍휼에 잠겨 있는 제자도는 율법주의적 부담이 아니라 복되고 즐거운 실체임을 살펴 보았다(제7장). 아울러 예수님을 따른다는 것은 과거와의 결별이라는 대가 지불을 수반한다는 점을 확인했다(제8장). 이어지는 제9~10장은 바디매오 본문이 우리에게 던져 주는 실천적 의의, 특별히 제자도를 향한 의의를 두 가지 측면에서 조명할 것이다. 이를 위해 특별히 마가복음 10:52 하반절("그가 곧 보게 되어 예수를 길에서 따르니라")이 묘사하는 바디매오의 예수 따름에 주목할 것이다. 이번 9장에서는 제자도가 지닌 '관계적 측면'에 특별히 주목하고자 한다.[56]

바디매오 본문 마지막 부분인 마가복음 10:52은 "예수를 길에서 따르니라"로 마친다. 여기서 동사 '따르니라'에 사용된 헬라어 동사는 ἀκολουθέω(한글음역: 아콜루떼오)인데, 이는 '따르다' '좇다' (누구의)'제자가 되다' (법이나 규범을)'준수하다' 등을 뜻하는 단어이다. 이 동사는 신약성경 내에서 특별히 '제자도'를 묘사하는 기술적(technical) 표현으로 중요하게 사용된다(막 10:52[막 1:18; 2:14; 10:21; 10:28 참조]).

그런데 한 가지 흥미로운 점은 헬라어 동사 아콜루떼오(ἀκολουθέω)가 소위 '관계동사'라는 사실이다. 관계동사들은 목적격(accusative[직접목적어 형태])이 아닌 여격(dative[간접목적어 형태])을 직접목적어로 취하는데, 이는 당사자간 인격적 관계의 강조를 위한 목적과 연계된다.[57] 마가복음 10:52 말미에 사용된 아콜루떼오(ἀκολουθέω)는 그 좋은 예를 보여준다.

다소 복잡하고, 딱딱한 헬라어 문법 이야기로 지루함을 느꼈을지 모르겠다. 하지만 이와같은 설명은 '관계'의 개념을 깊이있게 생각할 기회를 준다. 좀 더 구체적으로는, 아콜루떼오(ἀκολουθέω ['따르다/좇다'])라는 동사가 의미하는 '관계'에 대해 되새겨볼 거리를 제공한다(막 3:14; 요 17:3 참조).

'제자도' 하면 어떤 이미지가 먼저 떠오르는가? 어떤 특정 행동을 하고, 또 다른 어떤 특정 행동은 하지 말아야 하는 등의 규범에 대해 먼저 생각하는 경우가 적지 않다. '제자도'라는 단어를 들으면서 고행에 대해서 생각하는 경우도 있다.

물론 예수님의 참된 제자라면 누구나 따라야 하는 규범이 존재한 다(막 12:28-34; 마 5-7장 참조). 아울러 예수님의 제자로 사는 것은 자신이 충분히 할 수 있고 또 해도 괜찮은 일마저도 내려놓아야 함을 의미하는 것도 사실이다(고전 8장 참조). 사실 예수를 따르려면 근원적으로 가족, 재산, 자기 목숨을 비롯한 모든 것을 다 내려놓아야 한다(막 8:34 이하; 눅 14:25 이하 참조).

하지만, 무엇을 하고, 또는 하지 말고가 제자도의 본질은 아니다. 제자도의 본질은 예수님과 인격적으로 사귀고, 그분과 친밀하게 동행하는 것이다. 그분의 은혜와 사랑을 먼저 받아들이고(막 10:45; 갈 2:20) 그분을 감미롭게 사랑하는 것이다. 그렇다! 제자도는 관계다!

마가는 예수님을 만나 시력을 치유받은 바디매오가 예수님을 좇고 있는 장면을 동영상처럼 생생하게 묘사하면서 바디매오 이야기를 마무리한다.[58] 바디매오는 시력이 회복된 후, 길가에 앉아 있던 참담한 시각장애인 거지인 자신을 외면치 않으시고, 직접 치유해주신 예수님을 좇았다. 바디매오가 시력 치유를 경험한 후 예수님을 따랐다고 마가가 묘사할 때 그 '따름'의 공간은 다름 아닌 길 위(on the road)였다. '길 위에서 누구를 따른다'는 것은 그 대상을 직접 바라보고 좇아가야 가능한 일이다.

우리가 순간마다 좇아야 할 대상은 어떠한 규범집이나 집단의 이상 또는 행위나 비(非)행위 목록이 아니다. 우리가 지속해서 따라야 할 대상은 바로 예수님 그분이시다. 제자 됨의 목적은 예수님 안에 존재한다. 그러므로 주님 따름은 원초적으로 인격적이며 관계적인 실체일 수 밖에 없다. 예수님과 동행하면서 친밀하고 감미롭게 그분과 교제하는 것, 그것이 바로 제자도다![59](그런 의미에서 주님과의 진정한 관계 없이 제자도는 아예 존재조차 할 수 없다.)

필자의 부친은 소년 시절 한국 전쟁의 참상을 경험했다. 중학교 시절부터 물지게를 지며 고학을 하셨고, 이런 환경 속에서 근면이 몸에 배신 분이시다. 부친께서는 어린 필자에게 무엇이든 하려면 끈기를 갖고 끝까지 최선을 다하라고 강조하셨다. 이제 뒤돌아보건대 그런 가르침이야말로 필자의 부친께서 사셨던 어려운 시간들을 아름답게 승화시킨 결과물이였다. 시간이 제법 흘러 부모가 된 필자가 중학생 아들에게 하는 이야기도 부친의 말씀과 별반 다르지 않다.

그런데 아이들이 인내심을 갖고 무엇인가를 끝까지 열심히 한다는 게 생각같이 쉬운 일은 아니다. 어른들도 그렇게 하는 게 쉽지 않은데 아이들은 오죽하겠는가? 하지만 끈기와 인내심이 발달하지 못한 아이라 할지라도 어딘가에 푹 빠지면 끼니도 거르면서 한 곳에 몰두하는 '기적'이 일어난다. 왜 그런가? 바로 자신이 그 일을 엄청나게 좋아하기 때문이다.

독서와는 원수 사이를 지나 흔들림 없는 무관심이란 '득도'의 경지에까지 도달한 아이도 '속세'의 책인 만화책만은 밤새우면서 토끼 눈이 될 때까지 순교적 각오로 본다. 공부만 하려고 하면 5분 안에 자동으로 알레르기 반응이 발생하는 의학적 신비를 몸에 지닌 아이도 운동 하나에 재미를 붙이면 날이 어두워져도 힘든 줄 모르고 무섭게 연습을 해댄다. 축구에 빠진 아이는 자신의 모든 시간과 에너지를 필드에서 공을 차는데 다 쏟아버리고는 지친 몸으로 집에 돌아오자마자 허기마저 잊은 채 유튜브(YouTube)를 열어 리오넬 메시(Lionel Messi)의 축구 동영상을 보고 또다시 돌려 본다.

평소 부모가 시키는 간단한 일도 제대로 못하고, 해야 할 일을 자주 까먹는 아이도 자신이 좋아하는 엑스박스(X-Box) 게임을 시작하면 수많은 적을 능수능란하게 소탕하고, 친구에게 광속으로 텍스트를 보내는 한편, 헤드셋을 통해 다른 친구와 실시간으로 필승의 전략을 구상하는 등 여러 가지 복잡한 일들을 한꺼번에 완벽하게 소화해 낸다.

방학만 되면, 곧 타 대륙으로 이민 가려고 시차 적응을 하는 양 낮과 밤이 완전히 뒤바뀐 채 지내며 해가 중천에 떠도 절대 못 일어나는 아이도 친한 친구와 다음 날 아침에 어디 놀러 갈 일이 생기면 새벽기도 전에 기상한다. 얘네들이 도대체 왜 이런 걸까? 무언가를 너무나 좋아하기 때문이다!

이제 조금 더 심각하고 진지한 맘으로 우리 자신에게로 눈을 돌려 보자. 사실 우리의 제자도가 시들한 이유 중 하나는 말로 표현하는 것과 달리 우리가 예수님을 그리 많이 좋아하지 않기 때문이다. 우리의 순종이 습관적으로 지연되고, 축소되며, 우리의 예수 따름이 들쭉날쭉한 이유는 우리가 주님의 은혜와 긍휼에 더는 별로 감사하지도, 감격하지도 않기 때문이다.

제자도의 본질은 주님을 그 누구보다 그리고 그 무엇보다 더 사랑하는 것이다(눅 14:25 이하; 요 21:15-19 [신 6:4-5 참조]; 막 12:28-37). 그리고 그에 앞서 주님이 나를 엄청나게 좋아하신다는 사실을 나의 전존재로 받아들이는 것이다(막 10:45; 요 3:16; 갈 2:20).[60]

주님이 좋으면 주님 따르는 일도 좋다. 주님을 사랑하면 주님과 동행하는 일도 사랑스럽다. 우리가 예수님의 사랑을 확신하고, 그분을 많이 사랑하게 된다면 그 누가 뭐라 해도 그분을 기쁨으로 따르게 될 것이다. 우리가 주님의 은혜에 푹 잠겨 있다면 그 누가 우리 하는 일에 주목해 주지 않아도 그분과 감미롭게 동행할 것이다. 우리가 그리스도의 긍휼에 감격한다면, 상황이 힘들어도 주님 따라 한 걸음 더 앞으로 내디딜 것이다.

"나는 예수님의 제자다!"라고 외치지만, 사실 영혼은 늪에 끌려 들어가듯 점점 타성에 젖어가고 있진 않은가? 만일 그렇다면 예수님 그분에 대한 감격과 감사가 먼저 회복되어야 한다. 예수님과의 관계(요 21:15-19; 신 6:4-5 참조)가 우선 회복되어야 한다. 그렇다! 주님과의 감미로운 사랑의 동행, 그것이 바로 제자도다(갈 2:20; 롬 6:1-14). 제자도는 한 마디로 관계다!

적용/토론을 위한 질문 ✏️

1. 예수님과 인격적인 관계를 맺는다는 것은 어떤 의미입니까?

---

2. 주님과 친밀한 관계를 맺는 것과 제자도와는 어떤 연관성이 있습니까?

---

3. 당신이 주님과 친밀한 관계를 맺는 데 가장 방해가 되는 것은 무엇입니까?

기도 예수님은 나의 친구가 되시며 또 나의 소망과 능력이 되십니다. 예수님을 좇는 삶의 여정에서 항상 예수님으로 감격하고 예수님을 사랑하는 마음을 잊지 않게 하옵소서. 율법적, 강제적으로 주님을 따르지 않게 하시고, 예수님과의 진정된 관계 가운데 흘러나오는 감사, 감격, 기쁨으로 주님을 따르게 하소서. 주님의 은혜에 푹 잠겨 살아가게 하시고 또 주님과의 친밀한 관계 가운데 오늘 하루도 살게 하소서. 예수님 이름으로 기도합니다. 아멘.

제10장
십자가의 제자도(Cruciform Discipleship)

그가 곧 보게 되어 예수를 길에서 따르니라(막 10: 52)

앞서 9장에서 살펴본 대로, 제자도는 바로 예수님과의 관계를 뜻한다. 바디매오 본문(막 10:46-52)에 근거하여 꼭 생각해 봐야할 제자도의 다른 중요한 측면은 바로 '십자가지향성'(cruciformity)이다.[61]

마가복음은 -1:1-13의 프롤로그를 제외하고- 지리적 장소에 따라 (가) 갈릴리 부분(막 1:14-8:21) – (나) 예루살렘으로의 여정 부분(막 8:22-10:52) – (다) 예루살렘 부분(막 11~16장), 이상 세 개의 부분으로 구분된다. 이 세 부분은 각각 예수님의 죽으심에 관한 중요한 내용을 담고 있다.

갈릴리 부분은 예수님의 십자가 죽음에 관한 의미심장한 암시를 포함한다(예: 막 2:7; 3:6). 예루살렘으로 향하는 여정 부분에는 예수님께서 자신의 죽음에 대해 예언하신 내용이 세 번 반복적으로 등장한다(막 8:31; 9:31; 10:33-34). 아울러 예수님이 이 땅에 오신 목적(즉, 십자가 상의 대속적 죽음)을 천명하는 소위 '마가복음의 요절'(막 10:45)도 이 여정 부분 말미에 제시된다. 예루살렘 부분은 예수님의 죽음의 의미에 대한 설명을 포함하는 주의만찬제정 구절(특히, 막 14:24)을 포함하며, 주님의 십자가 죽음에 대해 직접 묘사한다(막 15장). 이처럼 마가복음은 그 내러티브 전반에 걸쳐 예수님의 수난과 죽음에 초점을 두고 있다.

마가복음에 가장 자주 등장하는 단어 중 하나인 εὐθύς(한글음역: 유쑤스; '즉시'[막 10:52] 또는 '그 다음에'[막 1:21]라는 의미를 지닌 헬라어 부사)의 용례 역시 저자 마가가 그리스도의 십자가 죽음에 초점을 두고 있음을 잘 드러내 준다. 헬라어 부사(adverb) εὐθύς는 마가복음에 걸쳐 40회 이상이나 사용된다. 예수님의 공생애 사역 직전에 요한에게 침(세)례를 받으시는 장면(막 1:10) 이후 마가복음 1장에만 10회 이상이나 사용된다. 이후 마가복음 전체에 걸쳐 거듭 등장한다. 마가복음에서 εὐθύς가 마지막으로 쓰이는 것은 마가복음 15:1에서인데, 이 부분은 예수님이 빌라도 앞에 서시는 장면을 묘사한다(막 15장은 마가복음에서 예수님의 십자가 죽음이 기록된 바로 그 챕터다!). 빌라도 앞서 서신 이 장면 이후로 εὐθύς는 더 이상 등장하지 않는다. 마치 "나, εὐθύς는 이제 내 역할을 다 했다!"는 듯 말이다.

마가가 '즉시' 혹은 '그 다음에'라는 뜻을 지닌 이 박진감 넘치는 단어(εὐθύς)를 통해 독자들의 주의를 지속적으로 환기시키며 그들을 이끌어 간 종착역은 바로 예수 그리스도의 십자가다. 마가복음에서 부사(adverb) εὐθύς가 궁극적으로 가리키는 대상은 바로 예수님의 십자가 죽음이다! 부사 εὐθύς의 용례에 대한 위와 같은 관찰은 마가복음이 십자가 중심의 오리엔테이션(orientation)을 갖고 있음을 여실히 보여 준다. 그렇다! 마틴 캘러가 말했던 대로, 마가복음은 "긴 서론부를 지닌 수난 기사다!"(passion narrative with extended introduction)[62]

이제 이상의 이해에 근거해서 바디매오 본문(막 10:46-52)의 종결부를 다시 한 번 살펴보자. 바디매오가 '길에서' 예수님을 좇았다(막 10:52)고 마가가 보도할 때, 이는 바디매오가 그저 막연하게 예수님을 따라 어디론가 갔다는 말이 아니다. 예수님은 지금 분명한 방향성과 소명의식을 갖고 예루살렘을 향해 행진하고 계신다(막 8:31; 9:31; 10:33-34 [11:1 참조]). 예수님이 예루살렘을 향해 나아가시는 목적은 그저 성지순례를 위해서나 특정 절기를 지키시기 위한 것이 아니다. 휴가나 안식년을 보내기 위함은 더욱 아니다. 성경연구를 위한 자료수집 내지는 특정인들과의 네트워킹을 위해 방문하시는 것도 아니다. 예루살렘 지역문화를 탐방하시거나 어떤 유력 인물과 약속이 있어 가시는 것도 아니다.

예수님이 지금 예루살렘으로 향하시는 이유는 바로 십자가에 달려 죄악 가득하고, 타락한 이스라엘과 인류를 위해 대신 죽으시기 위함이다(막 10:45; 14:24; 15장 전체). 그렇기에 저자 마가와 그의 최초독자들에게 있어 '길 위에서'(on the road) 예수님을 좇는다는 것은 주님 가신 십자가 길을 충성되이 따라간다는 구체적이고도 선명한 뜻을 갖고 있다. 예수님과 복음 때문에 겪게 되는 고난을 기꺼이 감내할 뿐 아니라 도리어 이를 소명과 특권으로 알고 끌어안는다는 의미를 갖고 있다(막 8:34 이하; 10:29 이하).

그렇다! 예수님을 따르는 길은 골고다로 향하는 길이다(막 10:52 [막 8:34 참조]). 제자도는 바로 그 길 위에서 주 예수님만 바라보고, 그분과 동행하며, 그분만을 지속해서 따라가는 여정이다. 필자가 완벽주의를 논하는 것은 결코 아니다(이와 관련해서는 제7장을 꼭 리뷰해 주시기 부탁드린다). 필자는 충성됨에 대해 말하는 것이다. 신실함, 특별히 장기적인(long-term) 신실함에 대해 역설하는 것이다.[63]

예수님의 제자는 그의 능력을 통해 치유되고 회복된 이들이다. 길 귀퉁이에 앉아 있다가 주님의 부르심을 받고 뛰어 일어나 그리스도의 행진에 동참한 이들이며, 죽음에서 생명으로 옮긴 사람들이다. 이렇게 주님의 은혜로 길가에서 도상으로 옮겨진 제자들은 그들에게 주어진 예수님의 부활 생명(예: 롬 6:1-14)으로 인해 매일 잔치를 벌여야 한다. 그러나 동시에 예수님의 제자로서 그의 부활 생명을 힘입어 십자가를 지는(cross-bearing) 삶을 살아야 한다(막 8:34; 눅 9:23). 그렇게 하루하루 우리에게 맡겨 주신 십자가를 지며 예수님을 따라가다가 그분

품에 안긴 후에는 첫 열매 되신 그리스도처럼 부활을 경험케 될 것이다(빌 3:10-11, 20-21; 고전 15장).

하지만 오늘은 먼저 그 길에서 예수님을 좇아야 한다. 삶의 치열하고, 각박한 현장 가운데서 다른 그 무엇도, 누구도 아닌 십자가 지신 예수님을 좇아야 한다. 예수님이 베푸시는 놀라운 은혜와 긍휼에 대한 체험은 그리스도를 위한 불편, 손해, 고난 감수로 이어져야 한다. 하나님 나라의 복음을 위해 대가를 지불하는 희생적 삶, 순교적 삶으로 연결되어야 한다(막 8:34; 10:29-31; 눅 14:25 이하 참조).

치유와 회복만 강조하고 고난에 대해서 쉬쉬하는 기독교는 사실 기독교가 아니다. 그런 가짜 '기독교'는 비록 겉으론 번영신학을 날카롭게 비판할지언정 속으로는 그 아류에 불과하다. 제자도는 넓고 평평한 길에서 내가 누리고 싶은 것들을 골라 종교적으로 향유하는 게 아니다. 제자도는 십자가로 향하는 그 좁고 험난한 길, 그러니까 주께서 앞서가신 고난의 길을 따라가는 것이다(그런데 실은 그 길이 부활로 이끄는 길이다[빌 3:10-11 참조]). 전에 한 번 그리스도와 복음을 위해서 손해를 한두 번 감수한 후로 고난과 적절히 안전거리를 유지하고, 그리스도와 복음을 위한 불편과 손해를 스트레스 조절하듯 '잘'도 조절하며 세상과도 그럭저럭 사이좋게 지내는 것은 제자의 삶이 아니다. 제자도란 예수님이 보여주신 본을 따라서 하나님 나라를 위해 손해 보고, 고난 받고, 불편을 감수하는 것이 점점 체질화되어가는 과정이다.

예수의 제자들은 매일 도상에서 주(主)가 걸어가신 십자가 길을 따라 걸어야 한다(막 1:2-3; 8:34 참조). 하나님 나라 복음을 위한 불편과 고난, 그리고 그에 수반하는 희생을 기꺼이 부둥켜안아야 한다. 왜냐면 그들이 바로 십자가를 지신 주 예수님의 제자이기 때문이다.

참된 제자도는 막연한 종교적-윤리적 열정에 그치지 않는다. 참 제자도는 선명한 지향성을 내포한다. 바로 십자가 지향성(cruciformity)이다. 예수 좇는 길은 한 마디로 십자가로 향하는 그 길에서 날마다 주님과 동행하는 것이다! 예수님 따라 십자가로 향하는 그 길이 힘들고, 괴롭고, 고통스러울지라도, 또 그 길이 때로 희생과 아픔과 고난을 요구하는 길일지라도, 그 길은 주 예수께서 앞서가신 길(막 1:2-3 참조)이요 또한 제자들이 따라가야 하는 유일한 길이다(막 8:34; 눅 14:25 이하).

> "누구든지 나를 따라오려거든 자기를 부인하고 자기 십자가를 지고 나를 따를 것이니라"(막 8:34).

그렇다! 다른 길은 없다! 제자로서 우리가 걸어야 할 길은 오직 주님께서 가신 그 한 길, 그러니까 십자가 길뿐이다(막 1:2-3; 10:45). 주께서 먼저 가신 십자가 길은 사실 영광에 이르는 은밀한 통로다.

적용/토론을 위한 질문 ✏️

1. 제자도가 십자가를 지향한다는 것은 어떤 의미입니까?

---

2. 기독교가 그리스도와 복음을 위한 손해, 불편, 고난감수에 대해 말하지 않는다면 어떤 중대한 문제가 발생합니까?

---

3. 지금 이 시점에서 당신이 예수님의 제자로서 자신을 부인하고 져야 할 그 '십자가'는 무엇인가요?

기도 주님, 그리스도께서 앞서가신 십자가 길을 충성되게 따라가기를 원합니다. 예수님을 좇는 길이 불편, 손해, 고난을 약속할지라도 그 길을 감사와 기쁨으로 걸어가는 주의 신실한 제자가 되도록 도와주시고 이끌어 주시고 변화 시켜 주시고 지켜주시옵소서. 예수님 이름으로 기도합니다. 아멘.

맺으면서

제1, 2부에 걸쳐 살펴본 대로 바디매오 이야기는 단순히 한 개인의 치유 이야기가 아니다. 물론 바디매오 본문은 역사적으로 일어난 의미심장한 치유 사건을 보도하지만, 동시에 주님의 긍휼과 은혜, 믿음, 그리고 제자도에 대해 보석 같은 진리를 가르쳐주는 무게감 있는 본문이다. 비록 일곱 절에 불과한 짧은 구절이지만 매우 밀도 높은 가르침을 우리에게 선물해 주는 본문이다.

길가에 앉아 흑암 가운데 구걸로 연명해야 했던 바디매오의 소외된 인생에 빛 되신 주님께서 도래하셨다. "다윗의 자손이여 나를 불쌍히 여기소서"라는 그의 간절한 외침에 제자들과 무리는 혹독한 꾸지람으로 반응했지만, 예수님만은 긍휼로 그를 맞아 주셨다. 주님은 바디매오라는 한 영혼을 위해 예루살렘으로의 행차를 전면 중단하셨다. 그를 친히 부르셨고, 그의 눈을 활짝 열어주셨다.

예수님을 만난 바디매오의 삶은 송두리째 뒤바뀌었다. 그가 주님께 입은 긍휼과 은혜는 그분을 따르는 제자도로 자연스레 이어졌다. 바디매오는 예수님이 그를 부르실 때 자신의 생존의 끈인 겉옷마저 일체의 주저함 없이 뒤로 한 채 기쁨으로 박차고 일어나 주께 나아갔다.

바디매오의 '은혜 체험'과 '예수 따름' 사이에는 괴리감이 존재하지 않았다. 주께서 바디매오에게 시력을 허락하셨을 때 그는 그 시력으로 앞서가시는 주님을 선명히 바라보며 십자가를 향해 나아가시는 그분을 좇았다. 바디매오가 예루살렘으로 나아가시며 골고다로 향하시는 예수님을 따른 것(막 10:52)은 '자기를 부인하고, 자기 십자가를 지고, 예수님을 좇는' 제자의 삶을 보여주는 아름다운 그림이다(막 8:34 [참조 10:45]).

바디매오 본문 바로 다음 절인 마가복음 11:1이 알려주듯, 바디매오가 예수님을 따르는 그 길은 예루살렘으로 그리고 결국 십자가로 향하는 길임을 우리는 잊지 말아야 한다. 예루살렘으로 나아가시는 예수님(막 11:1-11)은 며칠 후 골고다 언덕 위에서 이스라엘과 인류의 죄를 짊어지고 로마의 참혹한 십자가에 달려 돌아가실 것이다(막 10:45; 14:24; 15장). 거기에는 바디매오의 죄뿐만 아니라 필자와 독자의 모든 죄가 들어있다.

십자가 지신 주님을 따른다는 것은 그분이 십자가에서 이미 이루신 일들을 신뢰하고 의지하면서(막 10:45; 14:24) 그가 앞서가신 십자가 길을 따라간다는 뜻이다(막 8:34). 그 과정에서 그분이 보여주신 희생과 섬김과 고난의 발자취를 좇는다는 의미다(벧전 2:21; 막 10:45 참조).

바디매오에 대한 마가의 보도(막 10:46-52)는 바디매오 자신을 위해 기록된 것이 아니다. 만일 그랬다면 마가복음이 아마도 아람어로 기록되었을 것이다(그런데 마가복음은 헬라어로 기록되었다). 마가복음은 예수님 부활 이후 그분의 제자로서 살면서 고난과 핍박을 감당해야 했던 로마의 이방인 성도들을 위해서 기록되었다.

바디매오는 예수님의 십자가 죽음과 부활 이전에 예수님을 만났다. 그 시점에서 예수님에 대한 바디매오의 이해는 아마도 적잖은 한계를 갖고 있었을 것이다. 믿음과 제자도에 대한 바디매오의 이해는 마가의 최초 독자들의 이해에 비해 덜 선명하고, 덜 구체적인 부분들을 갖고 있었으리라 생각된다. 그럼에도 불구하고 저자 마가가 바디매오의 믿음과 제자도를 진정 가치 있는 것으로 또 그의 독자들이 본받아야 할 것으로 제시하고 있음은 매우 분명하다!

바디매오와 마가의 독자들 간에 중요한 공통점이 존재하고 있으니 바로 그들 모두 '길 위'의 제자라는 사실이다. 마가의 최초독자들은 이미 역사의 한복판에서 일어난 예수님의 부활을 믿고 다가오는 자신들의 부활을 내다보며 매일 그리스도와 복음을 위한 고난과 핍박 가운데 십자가 길을 걸어야 하는 제자들이었다. 그들은 그렇게 예수님의 발자취를 날마다 따라야 했다. 십자가의 길을 걷는다는 것은 하루하루의 삶 가운데 예수님과 복음 때문에 손해를 보는 일을 뜻했고, 불편을 감수하는 것을 의미했고, 조롱받고 고난받는 것과 직결되었으며, 종종 순교를 뜻했다(실제로 많은 초기 기독교인들이 십자가에서 처형됐다).[64]

마가는 제자됨의 대가가 얼마나 큰지 여부에 상관없이 십자가 지신 주님을 충성되이 따라가는 것이 바로 제자들이 가야 할 길이라는 선명한 진리를 그의 독자들에게 전한다(막 8:34; 눅 14:25 이하 참조). 그렇게 마가는 그의 독자들이 십자가로 향하는 그 길 위의 제자임을 상기시켜 준다.

우리도 바디매오와 마가복음의 최초독자들처럼 길 위의 제자다. 십자가로 향하는 그 길을 걸으며 주님을 좇는 것이 오늘, 내일 그리고 이 땅에서의 사는 동안 우리가 행해야 할 바다. 그렇게 매일 주님이 베푸신 은혜에 젖어 도상의 제자로 살다가 주님 품에 안기고 부활에 이르는 것보다 더 영광스럽고, 고귀하고, 영예로운 일이 어디 있을까? 그보다 더 중요한 일이 이 우주 어디에 있단 말인가?

죄로 타락한 인류에게 친히 오시사 자신의 죽음과 부활을 통해 새 창조의 역사를 이루신 주 예수 그리스도의 제자들은 하나님 나라가 완성될 그 영광스러운 날까지 하루하루 십자가로 향하는 그 길에서 그분의 발자취를 따라가야 한다.

'길 가'에서 '길 위'로 옮겨진 예수님의 제자들이 맞이할 최종적 '운명'은 고난이 아니라 영광이다(막 10:29 이하). 십자가가 아니라 부활이다(고전 15장). 하지만 먼저 고난, 그리고 영광이다. 선 죽음, 후 부활이다. 그러니까 바로 예수님의 길(막 1:3-4, 14-16장)이 그러했듯 말이다.

주 예수님이 지금 우리를 부르신다. "나를 따라오라"(막 1:17). "나를 따르라!"(막 2:14). 당신은 어떻게 반응하겠는가?

에필로그
누가와 함께 마가의 바디매오 이야기 읽기

마가복음의 초기 독자 중 한 사람이었을 누가(눅 1:1-4 참조)는 시각 장애인이며 걸인이었던 바디매오를 치유하신 사건에 대한 보도를 마무리하면서 바디매오가 예수님을 바라보고 따르며 하나님께 영광을 돌렸음을 구체적으로 언급한다.[65] "곧 보게 되어 하나님께 영광을 돌리며 예수를 따르니"(눅 18:43). 또한 누가는 바디매오에게 벌어진 일을 목도한 사람들마저 하나님께 찬양을 올렸음에 주목한다.[66] "백성이 다 이를 보고 하나님을 찬양하니라"(눅 18:43).

누가의 보도에 따르면, 치유받은 바디매오에게 있어 하나님께 영광 돌리는 것과 예수님을 따르는 것은 두 개의 개별적 행동이 아니라 하나의 통합된 행동이었다.[67] 이 둘은 서로 상치되지 않는다. 이 둘은 상호 연합과 일치를 이룬다. 예수님을 진정 따르는 자는 하나님을 참으로 예배한다. 그리고 하나님을 참으로 예배하는 자는 예수님을 진정 따른다.

누가는 바디매오 이야기를 예배와 찬양으로 마무리함으로써[68] 예수님의 사역이 사람들을 하나님을 경배하는 자리로 이끈다는 사실을 생생히 보여준다. 동시에 예수님을 따르는 그의 독자들이 길 위의 제자 바디매오와 함께 하나님을 예배하도록 초청한다. 이 아름다운 예배의 장면에 대해서 마가가 직접 언급하지는 않았지만, 1세기에나 혹은 지금 21세기에나 예수님이 베푸시는 놀라운 긍휼과 치유의 역사를 경험하고 나서 주님께 경배드리는 것은 너무나 자연스럽고도 마땅한 반응이다. 주님께서 우리 삶에 베푸신 은혜와 구원과 회복의 역사로 인해 그분께 영광을 돌리자.

예수 그리스도께서 지상사역에서 보여주신 본대로, 우리의 사역은 하나님을 경배하는 자리로 사람들을 이끌어야 한다. 혹시라도 그들이 우리 자신이나 맘몬에 주목하도록 그들을 오도하지 말자(눅 16:13 참조).[69] 하나님 아버지와 동등하신 그분의 아드님(빌 2:6 이하 참조)께서 지상 사역을 통해 아버지께 영광 돌리도록 사람들을 이끄셨다면(눅 18:4; 빌 2:11 참조), 우리의 사역이 어떤 지향점을 가져야 할지는 너무나 자명하지 않은가?

오직 하나님께만 영광을!(Soli Deo Gloria)

미 주(Endnotes)

1 바디매오는 '디매오의 아들'이란 뜻으로 '아들'이란 의미의 아람어 바와 '영예'라는 의미의 헬라어 티마이오스를 결합한 하이브리드 이름이다. 티마이오스를 비슷한 발음을 가진 아람어의 음역으로 보는 복수의 견해들도 있다. 하지만 마가가 그의 독자들을 위해 복음서를 기록할 때 아람어가 아닌 헬라어를 사용했다는 사실을 생각할 때 헬라어 티마이오스를 염두에 두는 편이 더 적절해 보인다.

2 개역개정은 헬라어 투플로스(τυφλός)를 '맹인'으로 번역한다. 본서는 성경인용에서 개역개정을 따르지만, 이 단어에 관해서는 예외를 두어 이를 '맹인' 대신 '시각장애인'이란 단어로 번역했음을 밝힌다.

3 마가복음에서 예루살렘을 향한 여정은 10장에서 시작되는 것으로 보인다. 그러나 그에 앞서 나타나는 첫 번째 그리고 두 번째 수난 예언(막 8:31; 9:31)이 분명한 예루살렘 지향성을 갖고 있고, 예루살렘으로의 여정을 직접 준비하는 의미가 있기에 필자는 여기서 마가복음 10장뿐 아니라 마가복음 8:22-10:52 전체를 '여정' 부분으로 분류한다.

4 "인자가 온 것은 섬김을 받으려 함이 아니라 도리어 섬기려 하고 자기 목숨을 많은 사람의 대속물로 주려 함이니라"(막 10:45).

5 성경의 본문을 바르게 이해하기 위해서는 문맥에 대한 이해와 본문 내용

에 대한 이해, 그리고 역사적 맥락과 신학적 맥락을 함께 고려해야 한다. 고든 피, 더글라스 스튜어트, 『성경을 어떻게 읽을 것인가』(서울: 한국성서유니온, 1988), 26-31을 함께 참고하라.

6 Martin Kähler, *The So-Called Historical Jesus and the Historic, Biblical Christ*, trans. Carl E. Braaten (Philadelphia: Fortress, 1964), 80n11.

7 Flavius Josephus, *Antiquities of the Jews*, 17.2.4.

8 다윗적 메시아(Davidic Messiah)에 대해서는 구약(예: 시 2, 89; 삼하7; 사 11:1,10; 렘 23:5, 33:15; 겔 34; 37:24-25), 신약(예: 마 1:1; 롬 1:3-4; 눅 1:27; 딤후 2:8), 외경(예: 집회서 45, 47; 지혜서 17) 그리고 사해사본(예: 4QFlor)을 참고하라. 마지막에 언급된 4QFlor 는 시편 1편과 2편 그리고 사무엘하에 관한 주해를 포함하고 있다. 구약과 유대교의 다윗전통에 대한 개관은 Fitzmyer, J. A , *The Semitic Background of the New Testament* (Grand Rapids ; Cambridge, UK : Livonia, MI : Eerdmans ; Dove, 1997), 115-21을 참고하라.

9 마가복음 8:27-30에서 베드로가 예수님을 메시아로 고백한 것은 베드로 혼자만의 고백이 아니라 제자들 전체의 생각을 대변해 주는 것이라 말할 수 있다. 만일 그것이 단지 베드로 혼자만의 고백이라면 굳이 마가복음 8:29에 기록된 베드로의 고백 후에 예수님께서 제자들 모두를 엄중히 경고하실 필요가 없었을 것이다(막 8:30). 개역개정에는 명확히 나와 있지

않지만 헬라어 신약성경을 보면 마가복음 8:30이 보도하는 예수님의 경고는 베드로 개인뿐 아니라 거기 있던 제자들 모두에게 주어졌다.

10 구약성경은 '긍휼'을 하나님의 성품으로 거듭 제시한다. 예를 들어, 출애굽기 33:19; 34:6-7을 보라.

11 하나님 나라가 이미 시작되었으나 아직 그 완성에 이르지는 않았다는 개념, 즉 '이미 그러나 아직'(already but not yet)의 개념에 대해서는 다음 책을 보라. George Eldon Ladd, *A Theology of the New Testament* (Grand Rapids, Mich.: Eerdmans, 1993). 이 책의 번역은 대한기독교서회에서 출간한 G. E. 래드, 『신약신학』을 보라. '이미 그러나 아직'(already but not)이란 '종말이 이미 현재 가운데 침투해 있다'는 말이다. 우리는 하나님 나라가 시작되고 신비롭게 확장되고 있으나 아직 그 완성에 이르지는 않은 시점을 살아가는 주님의 제자다.

12 Bryan M. Litfin, *Early Christian Martyr Stories: An Evangelical Introduction with New Translations* (Grand Rapids, MI: Baker, 2014).

13 물론 이렇게 된 데는 복음을 타협한 교회들과 목회자들, 성도들의 책임이 적지 않다. 하지만 그리스도와 복음 때문에 잘못한 일이 없는데도 고난을 감내해야 하는 경우도 있다. 베드로전서는 그리스도와 복음을 위해 겪게 되는 의로운 고난의 가치와 개인이나 공동체의 신앙적, 도덕적 타협으로 인해 겪는 고난의 무가치, 이 둘을 명확하게 구분하고 대조한다.

14 "많은 사람이 꾸짖어 잠잠하라 하되 그가 더욱 크게 소리 질러 이르되"

(막 10:48) 부분에서 필자가 밑줄 친 '많은'과 '크게'는 공통적으로 헬라어 단어 πολύς([양이나 정도가] 많은)를 사용하는데 이는 저자 마가의 의도적 언어유희(word play)를 반영하는 것일 수 있다. 저자 마가는 큰 숫자의 사람들이 바디매오를 나무랐지만, 그가 거기에 조금도 굴하지 않고, 오히려 더욱 큰 목소리로 외쳤음을 부각하고자 하는 것일 수 있다. 물론 필자가 방금 언급한 바는 헬라어에 직접 근거하지 않더라도 마가복음 10:48의 내용에 기반하여 일반적으로 설명될 수 있다.

15 직접 연관된 구절은 아니지만, 이 부분에서 요한복음 9:39("예수께서 이르시되 내가 심판하러 이 세상에 왔으니 보지 못하는 자들은 보게 하고 보는 자들은 맹인[시각장애인]이 되게 하려 함이라 하시니")이 떠오른다.

16 마가복음 10:49에서 바디매오에게 전달된 "일어나라"는 표현에서 사용된 헬라어 동사는 ἐγείρω인데, 이 단어는 ἀνίστημι와 더불어 신약성경에서 부활을 묘사하거나 보도할 때 사용되는 두 개의 동사 중 하나다. 예수님의 부활 이후 시대를 살면서 복음서를 기록한 저자 마가가 이 부분에서 헬라어 동사 ἐγείρω를 사용함으로써 (가) 바디매오의 시력을 고치신 예수님의 치유와 회복의 능력을, (나) 성령을 통해 그의 최초 독자들 가운데 역사하고 있는 부활생명/새생명과 연결시키고 있는 것으로 보인다(롬 6:4 [갈 2:20 참조]). 마가복음 10:49은 ἐγείρω의 2인칭 단수 현재시제 능동명령형인 ἔγειρε 를 사용하고 있는데, 이 특정 동사형(ἔγειρε)은 마가복음 5:41에서 예수님께서 죽은 야이로의 딸에게 일어나라고 명하실 때 쓰

인다. "그 아이의 손을 잡고 가라사대 달리다굼 하시니 번역하면 곧 소녀야 내가 네게 말하노니 일어나라(ἔγειρε) 하심이라"(막 5:41).

17 소외되고 잃어버린 영혼을 향한 관심은 하나님 나라의 중요한 속성 중 하나다. 그러한 하나님 나라의 속성은 바디매오를 위해 멈추신 일 그리고 십자가에서 그를 위해(그리고 우리를 위해) 대신 죽으신 일 가운데서 공통적으로 발견된다. 예수 그리스도의 제자들은 이같은 하나님 나라의 속성을 반영하는 삶을 살아야 한다. 소외되고 잃어버린 영혼을 향하여 관심을 가질 뿐 아니라 그 관심을 구체적인 희생과 섬김을 통해 실천해야 한다. 이는 물론 복음 전도 및 사회봉사를 향한 중요한 함의를 갖고 있다. 하나님 나라의 관점에서 복음 전도와 사회봉사는 동전의 양면처럼 유기적으로 연결되어 있다.

18 누가의 보도에 따르면, 시각장애인이요 거지인 바디매오를 위해 멈추셨던 예수님은 곧이어 세리 삭개오를 위해 다시 멈추신다(눅 19:1-10).

19 Peter Singer, *Animal Liberation* (New York: HarperCollins, 1975)을 보라. 한국어로는 『동물해방』이라는 제목으로 번역, 출간되었다. 피터 싱어/김성한 역, 『동물 해방』 (고양: 연암서가, 2012).

20 프랑스의 문화인류학자 르네 지라르는 인류 역사의 수많은 사상, 문명, 철학 중 약자의 편을 드는 것은 기독교뿐이라고 주장한다. 기독교는 다른 종교의 신화(myth)와는 달리 집단의 폭력성을 한 무고한 희생양에게 투영하기보다는 자신들이 무고한 희생양을 죽인 살인자라는 인식을 갖게 만

들기 때문에 기독교 윤리의 중심에는 다른 종교에서 볼 수 없는 사랑이 존재하는 것이다. 르네 지라르, 『희생양』, 김진식 역 (서울: 민음사, 2007)을 참고하라. 아울러 르네 지라르, 『지라르와 성서 읽기』, 이영훈 역 (충남: 대장간, 2017)을 참고하라.

21 위에 설명한 대로 제자들과 군중들은 큰 소리를 질러대며 예수님의 행차를 '훼방'하는 바디매오를 – 마치 주님이 광풍에 흔들리는 거친 파도를 꾸짖듯(막 4:39) – 단호히 꾸짖었다. 하지만 예수님은 바디매오에 대해 그들과 전혀 다른 접근 방식을 취하신다. 정작 예수님 자신은 제자들이 호되게 꾸중했던 그 시각장애인을 위해 행차를 멈추신다. 그리고 제자들에게 그를 불러오라 명하신다. 이윽고 잠시 전까지 바디매오에게 호통치던 제자들이 바디매오에게 다가가 "안심하고 일어나라 그가 너를 부르신다"(막 10:49)는 따뜻한 격려의 말을 전한다. 제자들의 입장이 이처럼 180도 바뀐 것은 예수님의 권위와 놀라운 영향력을 암시한다.

22 마가복음 10:50의 헬라어 원문은 다음과 같다. ὁ δὲ ἀποβαλὼν τὸ ἱμάτιον αὐτοῦ ἀναπηδήσας ἦλθεν πρὸς τὸν Ἰησοῦν.

23 예를 들어, 바디매오 본문이 어떻게 종결되는지를 살펴볼 수 있다. 마가가 보도하는 바디매오 이야기(막 10:46-52)는 시력을 회복한 바디매오가 다른 행동을 취하는 것이 아니라 예수님을 따르고 있는 장면을 담아 동영상같이 생생한 묘사(52절)를 제시하며 마친다. 이같은 종결방식은 바로 예수님이 바디매오 이야기의 중심임을 다시금 확인해 준다.

24 예수님의 첫 번째 수난 예언은 마가복음 8:31, 두 번째 수난 예언은 마가복음 9:31에 각각 기록되어 있다. 야고보-요한 형제의 요청이 예수님의 세 번째 수난 예언(막 10:33-34) 직후에 등장함을 생각할 때 그들을 뻔뻔하다고 한 필자의 표현이 지나치지 않는 듯하다. 물론 그 뻔뻔함이 야고보와 요한에게만 국한되는 것은 아닌 것 같다. 필자 자신은 어떠한가? 독자들은 어떠한가?

25 헬라어 원문을 살펴볼 때, 예수님께서 야고보-요한 형제에게 하신 질문(막 10:36)과 바디매오에게 던지신 질문(막 10:51) 간의 차이는 지극히 경미하다. 전자는 야고보와 요한 두 사람을 대상으로 하기에 복수형 단어를 사용하지만, 후자는 바디매오 한 사람만을 대상으로 하기에 단수형 단어를 사용한다는 것이 유일한 차이점이다. 주님이 이들에게 하신 이 두 질문(막 10:36; 10:51)은 내용상 동일한 질문이다.

26 여기 '선생님'이란 표현은 아람어 라부니로 문자적으로 '나의 선생님'이란 뜻을 갖는다. 이 아람어 표현이 사람들보다 주로 하나님께 대해 쓰였음에 주목하는 주석가들도 있다. 예를 들어, Joel Marcus, *Mark 8-16: A New Translation with Introduction and Commentary*, vol. 27A, The Anchor Bible (New Haven: Yale University Press, 2009), 760을 보라.

27 정말 필요한 것을 요청한 다른 예로 어린 솔로몬 왕을 들 수 있다. 그는 어린 나이에 왕위에 오른 후 여호와 하나님이 그에 나타나사 무엇을 원하는지 물으셨을 때, 다른 어떤 것이 아니라 백성을 다스릴 수 있는 지혜를 구

했다(왕상 3:6-12).

28 마가복음 10:46-52(바디매오 본문)은 마가복음 내에 포함된 맨 마지막 치유사건이기도 하다.

29 마가복음에서 인간이 예수님을 '하나님의 아들'이라고 명시적으로 (explicitly) 고백한 경우는 로마 백부장이 유일하다(막 15:39). 그런데 백부장이 예수님을 하나님 아들로 고백한 장소가 상당히 의미심장하다. 그 장소는 바로 십자가 밑이다. 저자 마가에 따르면, 예수님의 하나님 아들 되심을 그의 십자가 고난과 떼어서 생각해선 안 된다. 예수님을 하나님 아들로 고백하는 것은 의미 있는 일이나 그 고백은 예수 그리스도의 십자가 대속에 대한 신뢰와 헌신 가운데 이뤄져야 한다. 예수님을 하나님 아들로 믿는 자는 승리주의에 도취(막 8:32 참조)되는 것이 아니라, 구원 완성의 날에 대한 믿음과 소망 가운데 자기 십자가를 지고 앞서 가신 예수님을 따르는 고난 감수, 희생감수, 손해감수의 삶을 살아야만 한다. 또 그것이 체질화되는 과정을 겪어야 한다(막 8:34; 10:45).

30 그런 관점에서 볼 때, 마가복음 내에서 벳세다 시각장애인의 점진적 치유 사건(막 8:22-26)은 제자들이 영적 시력치유의 과정을 아직 밟아가고 있는 중임을 암시해주고, 바디매오의 즉각적인 시력치유(막 10:46-52)는 예수님의 십자가 죽음과 부활 후에 제자들의 시력치유가 완성될 것(막 9:9 참조)에 대한 기대를 고취시킨다고 할 수 있다.

31 고린도전서 2:1 이하 및 갈라디아서 6:14를 참조하라.

32 마가복음 10:37을 참조하라.

33 여기서 '너무나 당연한 것'의 중요성을 이야기할 때, '래디컬'(radical)이란 영어 단어가 떠오른다. 이 단어는 보통 '극단적인'이라는 뜻을 지니지만 사실 '근본적인'이란 뜻을 가질 수도 있다. 그렇다! 근본에 충실한 것이 래디컬한 것이다. 근본을 망각한 채 유행(trend)에만 집착하는 것은 사실 래디컬한 게 아니라 얄팍하고 줏대가 없는 것이다.

34 헬라어 동사 ἀναβλέπω('보다')가 바디매오의 치유 요청(막 10:51) 및 바디매오가 즉시 치유되었음에 대한 마가의 보도(막 10:52)에 공히 사용되었음에 주목하라. "예수께서 말씀하여 이르시되 네게 무엇을 하여 주기를 원하느냐 시각장애인이 이르되 선생님이여 보기를(동사원형: ἀναβλέπω) 원하나이다 예수께서 이르시되 가라 네 믿음이 너를 구원하였느니라 하시니 그가 곧 보게(동사원형: ἀναβλέπω)되어 예수를 길에서 따르니라(막 10:51-52)."

35 이사야 35:5-7은 시각장애인의 눈을 뜨게 하는 것을 여호와 하나님의 행동으로 묘사한다. 그렇게 볼 때, 예수님이 바디매오의 눈을 뜨게 한 사건(막 10:46-52[막 8:22-26 참조])도 예수님의 신적정체성에 대한 암시를 담고 있다.

36 참고로, '스게와'는 라틴어 이름이다.

37 필자는 여기서 1세기 전후의 마술 행위에 대해 언급한 것이나 안타깝지만 지금 이 시대에도 기독교인을 자처하며 예수 그리스도를 이렇게 마법

적으로 믿는 분들을 발견하곤 한다.

38 스게와의 아들들에게 벌어진 참담한 결과는 바울이 에베소에서 행한 기적들이 - 행 19:11[19:13, 15, 17, 20 참조]이 알려주는 바대로 - 하나님/예수님의 능력을 통한 것이지 어떤 마술적 주문이나 공식을 통한 것이 아님을 보여준다.

39 마가복음에 기록된 예수님의 기적 장면에서 예수님이 말씀하신 아람어를 저자 마가가 그의 최초독자들을 위해 헬라어로 번역한 부분이 있다(예: 막 5:41; 7:34). 예수님의 기적의 능력은 그가 사용하신 아람어 단어에 있는 게 아닌 예수님 자신 안에 존재한다! 당시 마법사들은 외래어를 번역하지 않고 그대로 사용했다. 그 외래어 자체에 신비한 힘이 있다고 생각했기 때문이다. 마가는 예수님이 말씀하신 아람어 단어들을 그의 헬라어권 독자들을 위해 직접 번역한다. 예수님의 권위는 그가 사용한 특정 표현 안에 있는 것이 아니라 예수님 자신 안에 내재된 것이다. 마가는 이를 잘 이해하고 있었다.

40 마가복음 10:52에서 '구원'이란 개념은 명사($\sigma\omega\tau\eta\rho\iota\alpha$[구원, 해방, 구출])가 아닌 동사($\sigma\dot{\omega}\zeta\omega$)를 통해 표현됐다. 바디매오는 예수님께 시력의 치유를 요청했는데, 예수님은 '구원'을 선언하신다. 혹자는 이렇게 물을 수도 있을 것이다. '지금 서로 대화가 엇갈린 것인가?' '예수님이 동문서답을 하실 리는 없는데, 무슨 일이 벌어지고 있는 것인가?' 그에 대한 답으로, 먼저 동사 $\sigma\dot{\omega}\zeta\omega$가 '구원하다'는 뜻 외에도 '치유하다'는 의미를 가질 수 있

음에 주목해야 한다. 동시에 1세기 유대인들은 '구원'의 의미를 현대인들보다 더 통전적으로(holistically) 이해했음을 기억해야 한다. 예를 들어, 마가복음 2:1-12에 반영된 죄 용서와 질병 치유 간의 통합적(integrated) 이해를 살펴보라.

41 '보기 원한다'는 바디매오의 답변에 예수님은 "가라 네 믿음이 너를 구원하였느니라"(막 10:52)라고 반응하신다. 여기서 "가라"는 명령은 집으로 돌아가라는 뜻이라기보다는 바디매오가 요청했던 치유가 이제 완료되었다는 의미다. 실제로 현 본문(막 10:46-52)은 바디매오가 집이나 다른 곳으로 향하는 장면이 아니라, 예수님을 따르는 장면으로 마무리된다(막 10:52하반절).

42 '믿음'은 믿음의 대상이 되는 존재에 대한 의존을 의미한다. 동시에 '믿음'은 의존의 대상이 되는 존재의 뜻이 의존하는 이 자신의 뜻보다 우선이 된다는 의미도 담고 있다. 예수님께서 겟세마네 동산에서 몸소 보여주신 대로, '나의 원대로가 아니라 아버지의 원대로'(막 14:36) 되기를 구하는 것이 믿음이다. '하나님의 나라와 그의 의를 우선적으로 구하는 것'이 믿음이다(마 6:33). 믿음은 근본적으로 하나님께 우선순위를 둔다. 이를 망각하고 '내가 원하는 것 다 주어질 것이라 믿기만 하면 그대로 다 얻을 수 있다'고 고집한다면, 그것은 사실 성경적 신앙이 아니라 이교적 마술 행위에 근접하는 것이다. 믿음이 개인이 원하는 것을 얻는 도구로 전락할 때, 신앙은 마법으로 변질된다. 앞서 제5장에서 다룬 1세기 당시의 마술행위

에 대한 논의를 함께 참고하라.

43 아울러 "네 믿음이 너를 구원하였다"는 칭찬을 예수님께 들은 혈루병 여인이나 바디매오 모두 당시에 '하나님께로부터 버림받은 자' 혹은 '죄인'으로 취급되던 이들이었다. 예수님께서 이들의 믿음을 공개적으로 칭찬하신 것은 그들이 당시 유대사회로부터는 소외되어 있었을지언정 하나님/예수님으로부터는 소외되어 있지 않음을 잘 보여준다. 본 문단과 각주의 내용을 작성함에 있어 필자는 미국 텍사스 주, 달라스에서 목회하시는 안지영 목사님이 개인적으로 주신 피드백에 도움을 받았다.

44 거짓됨이 개인/공동체의 의도적 결단에 의한 것이든 혹은 진리에 대한 수동적 회피에 의한 것이든 간에 거짓은 여전히 거짓이다.

45 바디매오가 시력을 얻은 후 예수님을 좇았다는 마가의 보도는 그에게 일어난 치유가 단지 신체적인 것만은 아니었음을 암시한다. 그런 뜻에서 "네 믿음이 너를 구원[치유]하였느니라"라는 주님의 선언 가운데 들어있는 '구원/치유'의 개념을 통전적(holistic)으로 이해할 필요가 있다.

46 '바디매오'는 '아들'을 뜻하는 아람어 바와 '영예'를 의미하는 헬라어 티마이오스를 결합한 하이브리드 이름이다.

47 거라사의 귀신 들린 사람의 상태에 대한 마가의 매우 상세한 묘사(막 5:1-5)는 이와 맥을 같이 한다고 볼 수 있다. 거라사 '광인'의 문제는 귀신들림이었다. 바디매오의 문제는 앞을 보지 못하는 것이었다. 물론 예수님은 이 둘 모두의 문제를 해결해 주셨다(막 5:6 이하; 10:52 참조).

48 마가복음이 '이사야'에 대한 언급(막 1:2)으로 시작된다는 사실 그리고 저자 마가가 곧이어 이사야 40:3을 직접 인용(막 1:3)한다는 사실은 이사야서가 마가의 신학에 있어 얼마나 중추적인 역할을 하는지를 시사한다. "선지자 이사야의 글에 보라 내가 내 사자를 네 앞에 보내노니 그가 네 길을 준비하리라[말 3:1] 광야에 외치는 자의 소리가 있어 이르되 너희는 주의 길을 준비하라 그의 오실 길을 곧게 하라 [사 40:3] 기록된 것과 같이"(막 1:2-3). 본문의 이사야 35장 인용부에 괄호(brackets)로 표기한 마가복음 장, 절수는 이사야 35장과 바디매오 본문(막 10:46-52) 간의 내용적 유사성 혹은 상응관계를 보여준다. 이사야서와 마가복음의 관계에 대한 자세한 논의는 Rikki E. Watts, *Isaiah's New Exodus in Mark*, (Grand Rapids: Baker, 2000)를 참고하라. 한편, 이사야 35장이 언급하는 여호와 하나님이 하실 그 일을 예수님이 성취하셨다는 사실은 예수님의 신적정체성(divine identity; 막 1:2-3; 2:1-12; 4:35-41 참조)에 대한 또 하나의 강력한 암시를 제공한다.

49 물론 주님의 사랑이 거친 사랑(tough love)일 때도 있다. 다시 말해, 훈계를 통해 사랑을 주실 때도 있다. 부모가 사랑하는 자녀에게 그렇게 하듯 말이다(히 12:5 이하 참조).

50 물론 '우리가 원하는 것을 무엇이든 그대로 다 들어주신다'는 뜻은 결코 아니다. 그런 잘못된 생각은 야고보-요한 형제의 야망과 매우 흡사하며(막 10:35, 37), 마땅히 교정되어야 한다(막 10:35-45).

51 이런 뜻에서 왜 어떤 성경해석자들이 바디매오가 겉옷을 집어 던진 사건을 침(세)례와 연결했는지 이해가 된다. Joel Marcus, *Mark 8-16: A New Translation with Introduction and Commentary*, vol. 27A, The Anchor Bible (New Haven: Yale University Press, 2009), 760, 765를 보라. 침례가 옛사람의 죽음 그리고 과거(이전 삶의 방식)와의 결별을 의미한다는 점에서 이같은 해석은 한 번 고려해 볼 만한 입장이다(롬 6:1-14; 눅 14:33 참조).

52 바디매오가 겉옷을 뒤로한 것을 예수님에 대한 배타적 의존과 연결한 해석에 관해서는 C. Keener, *The IVP Bible Background Commentary: New Testament* (second edition; Downers Grove, IL: IVP, 2014), p. 156을 보라. 초판의 한글 번역은 크레이그 키너, 『IVP 성경배경주석: 신약』(서울: 한국기독학생회출판부, 2007)을 보라.

53 Stein은 그의 마가복음 주석에서 저자 마가가 그의 독자들의 기독교적 선이해를 전제하고 있음을 보여주는 증거들을 나열한다. Stein은 설명이 필요할 것 같은 내용에 대해 저자 마가가 일체의 설명을 제공하지 않은 경우에 주목한다. Robert H. Stein, *Mark* (Grand Rapids: Baker, 2008), 9-10를 보라. 아울러 마가복음이 네로 치하 박해기에 핍박받는 로마의 성도들을 위해서 쓰였다는 교회의 전승 역시 마가의 독자들이 그리스도인이였다는 주장에 무게를 실어준다. 핍박에 관한 여러 구절들(예: 막 8:34-9:1; 10:29-30; 13:9-13)은 마가의 최초독자들이 고난에 직면하고 있음을

암시해 주는 것으로 보이는데, 만일 그들이 그리스도인이 아니라면 복음을 위한 고난과 핍박을 받을 일 자체가 없었을 것이기에 이 또한 위에 언급된 입장을 뒷받침해 준다.

54 '겉옷 내팽개치기'가 상징하는 제자도의 대가 지불(막 8:34; 눅 14:25 이하 참고)은 결코 간과해서는 안 되는 매우 중요한 가르침이다. 그러나 앞선 제7장과 연결해서 생각할 때, 제자도의 궁극적 대가는 주님께서 십자가에서 몸 찢고 피 흘려 친히 지불하셨다(고전 7:23)고 말할 수 있겠다. 주님께서 십자가에서 우리 대신 죽지 않으셨으면 우리가 '제자도'에 대해 이야기할 수도 없고 또 그에 관해 이야기할 필요도 없을 것이다. 이어지는 제9~10장을 읽으면서도 이 점에 대해 꼭 기억해 주기 바란다.

55 마가복음에는 두 개의 시력치유사건이 기록되어 있다(막 8:22-26; 10:46-52). 이 두 시력치유사건은 예수님과 제자들이 예루살렘으로 향하는 여정 부분(8:27-10:45)을 앞, 뒤에서 포획하고 있는데, 마가는 주님이 제자들의 영적 시력을 열어가시는 과정(막 8:22-10:45)을 이 두 개의 시력치유사건을 통해 암시한다. 이 두 개의 시력치유 이야기는 역사적 사건이지만, 동시에 상징적 성격을 내포하고 있다.

56 본 챕터에서 '관계' 혹은 '관계적'이란 표현을 사용함에 있어 필자는 예수님과 제자들간의 관계에 주목한다. 물론 제자도의 '관계성'은 제자들 간의 인격격 사귐이라는 측면을 포함한다. 실제로 바디매오가 자신을 심하게 꾸짖었던 무리(막 10:48)에 동참하여 예수님을 함께 좇는 장면(막

10:52)이나 앞서 바디매오를 꾸짖었던 이들이 예수님의 영향으로 그를 향해 격려의 말을 전하게 되는 장면(막 10:49)은 제자들 간의 관계(엡 4장; 요 17장 참조)에 대한 의미있는 암시를 담고 있다. 하지만, 마가가 바디매오 본문(막 10:46-52)에서 그 요소에 집중하고 있는 것은 아니기에 필자는 여기서 그것을 다루지는 않는다.

57 Daniel B. Wallace는 그의 책 『Greek Grammar Beyond the Basics』에서 여격(dative)을 직접목적어로 취하는 것이 관계를 강조하기 위함이라고 말한다. Daniel B. Wallace, *Greek Grammar Beyond the Basics: An Exegetical Syntax of the New Testament with Scripture, Subject, and Greek Word Indexes* (Grand Rapids, MI : Zondervan, 1997), p. 172를 보라.

58 마가복음 10:52의 헬라어 본문을 살펴보면, 개역개정에서 '따르니라'로 번역된 동사는 ἠκολούθει(한글음역: 에콜루떼이)로 ἀκολουθέω(한글음역: 아콜루떼오[동사원형])의 미완료과거시제(imperfect: 주로 과거의 지속적 행동이나 상태를 묘사하는 데 쓰이는 시제)인데, 이를 한글로 직역하면 '따르기 시작했다'(began following) 혹은 '따르고 있었다'(was following) 정도가 된다. 이는 단순과거형인 '좇았다'(followed)와 구분된다. 마가는 바디매오가 예수를 '좇았다'고 전반적인 진술을 하는 것이 아니라, 그가 예수를 '따르기 시작했다'(혹은 '따르고 있었다')고 서술함으로써 마치 녹화된 동영상을 틀어주듯 생생하게 해당 장면을 제시하고 있다.

59 물론 여기서 '인격적' 혹은 '관계적'이라고 말할 때, 우리 주변 사람들과의 관계를 먼저 떠올리기 쉽다. 하지만, 여기서 우리가 관계를 맺는 대상은 그저 훌륭한 윤리적 스승이나 지혜로운 멘토 정도가 아니다. 바디매오는 시력의 치유를 경험하기 전부터 예수님을 '다윗의 자손', 즉 메시아(그리스도)라고 호칭했다. 그는 예수님을 탁월한 율법 선생이나 현인 정도로 본 게 아니었다. 기적을 행하는 자나 선지자 정도로만 본 것도 아니다. 바디매오는 예수님을 하나님이 이스라엘에게 약속해 주셨고 이스라엘이 그토록 기다렸던 메시아로 믿었다(막 10:52 참조). 그리고 그 믿음을 '다윗의 자손'이란 호칭을 통해 고백했다!(막 10:47, 48) 예수 그리스도의 제자는 예수님이 그리스도이심을 신뢰하고, 그분의 긍휼과 은혜만을 의지하면서 환경의 어려움과 고난에 굴하지 말고 끈기 있게 그분을 따라가는 자다. 그렇기에 인격적이고 관계적인 제자도는 기독론적(christological), 그리스도 중심적(Christ-centered)이 될 수 밖에 없다. 예수님이 하신 일들을 흉내 내거나 윤리적으로 모방하는 것 자체도 의미 없는 일은 아니지만, 진정한 제자가 되기 위해서는 그것만으로는 불충분하다. 제자도는 예수님 흉내 내기에 그치지 않는다. 제자도는 철저한 그리스도 중심성을 전제한다. 예수님의 제자가 된다는 것은 그분의 그리스도 되심과 주되심에 대한 신앙 고백을 전제하고 또 그 신앙고백에 근거한다.

60 이에 대해선 다음의 책을 참고하라. 브레넌 매닝, 『모든 것이 은혜다』(서울: 복있는 사람, 2012). 필립 얀시, 『놀라운 하나님의 은혜』(서울: IVP,

2009)도 함께 참조하라.

61 십자가지향 제자도(cruciform discipleship)에 대해서는 Michael Gorman, *Cruciformity: Paul's Narrative Spirituality of the Cross*를 참조하라. 이 책의 한글 번역은 마이클 고먼, 『삶으로 담아내는 십자가』, 박규태 역 (서울: 새물결 플러스, 2010)을 참조하라.

62 Martin Kähler, *The So-Called Historical Jesus and the Historic, Biblical Christ*, trans. Carl E. Braaten (Philadelphia: Fortress, 1964), 80n11. Kähler은 신약의 네 복음서 모두를 염두에 두고 이 말을 했다. 그러나 후대의 신약학자들은 이 말을 특히 마가복음에 적용했다.

63 영성 작가 유진 피터슨(Eugene Peterson)이 말한 대로, 제자도는 '한 방향을 향하는 오래도록 지속되는 순종'(a long obedience in the same direction)이다! 제자도는 일일 출장 이벤트가 아니라 장기간 지속되는 여정(long-term journey)이다! 스프린트가 아니라 마라톤이다. 그렇기에 주님께 끝까지 충성하는 게 중요하다. 잘 시작하는 것만큼 잘 마치는 것이 중요하다.

64 Bryan M. Litfin, *Early Christian Martyr Stories* 를 보라.

65 예배와 찬양을 선명하게 강조한 누가복음 18:43의 보도는 마가복음 10:46-52에 기록된 바디매오 본문의 초기 독자 중 한 사람의 이해를 반영해 준다는 뜻에서 매우 의미심장하다. 그러나 더 궁극적으로는, 누가의 보도가 영감된 저자의 저술, 즉 하나님 말씀이기에 중요하다!

66 누가는 공관복음 기자 중에서 특별히 기도와 찬양을 강조하는데, 기도와 찬양에 대한 누가의 이같은 강조가 누가복음 18:43에서 또 한 번 드러난다. 누가가 예배적(liturgical) 요소에 주목하고 있음은 누가복음 첫 두 장에 기록된 그리스도의 탄생기사(눅 1~2장)에서부터 명확하게 드러난다. 잘 알려진 '마리아 송가', '사가랴 송가' 등이 바로 탄생기사 안에 등장한다.

67 "하나님께 영광을 돌리며 예수를 따르니"(ἠκολούθει αὐτῷ δοξάζων τὸν θεόν) (눅 18:43)에서 '영광을 돌리며'는 문법적으로 분사(participle)로 정동사 '따르니'를 수식한다.

68 저자 누가는 마가복음의 바디매오 본문(막 10:46-52)의 병행구를 누가복음 18:35-43에 제시한다. 마태복음 병행구는 마태복음 20:29-34를 보라. 누가와 마태는 '바디매오'의 이름을 직접 거명하지는 않는다.

69 '하나님과 재물(맘몬)을 함께 섬길 수 없다'는 누가복음 16:13 말씀은 구약의 우상숭배 행위를 배경으로 이해해야 한다. 구약에서 충성된 하나님의 백성은 단지 '여호와를 섬기는 자들'이 아니라, '여호와 한 분만 섬기는 자들'이었다. 구약 선지자들에게 따르면, 여호와 하나님도 섬기고 다른 이방신(예: 바알 혹은 아세라)도 섬기는 자들은 신실한 주의 백성이 아니라 우상숭배자다!(민 33:52, 신 7:5; 27:15, 왕하 17:41, 대하 11:15 참조) 같은 원리로, 하나님을 섬기고, 맘몬도 섬기는 자는 신실한 주의 백성이 아니라, 우상숭배자다. 예수님께서는 누가복음 16:13에서 이 점을 지적하고 계신다. 나아가 구약성경에서 그리고 제2 성전기 유대교에서 유일

신론(monotheism)은 본질적으로 예배의 문제였음을 기억해야 한다. 당시 이방인들도 '오직 하나님만'("only God"; "God alone")이란 표현 등을 그들의 신(예를 들어, 제우스)에 대해 사용했다. 하지만 중요한 차이점이 있었다. 여러 신들에게 제사를 지냈던 이방인들과 달리 유대인들은 오직 여호와 하나님께만 제사 드렸고, 오직 여호와 하나님께만 기도했다. 유대인들의 신앙과 사상에 따르면, 오직 여호와 하나님만이 이스라엘의 예배(그리고 온 인류의 예배)를 받기 합당하신 분이셨다(예: 사 40-66 참조). 반면, 이방인들은 '오직 하나님만'("only God"; "God alone")이란 표현으로 칭송했던 그 '신' 외의 다른 '신들'에게도 함께 제사를 바쳤다. 이와 관련된 논의는 예를 들어 Larry Hurtado, *One God, One Lord: Early Christian Devotion and Ancient Jewish Monotheism*, 3rd ed. (London; New York: Bloomsbury, 2015)를 참고하라.